国家自然科学基金资助项目（71601127）

辽宁省教育厅人文社会科学研究资助项目（WQ2017001)

有限理性的电信套餐
消费者选择行为分析与
预测研究

苗蕴慧·著

中国财经出版传媒集团
经济科学出版社
Economic Science Press

图书在版编目（CIP）数据

有限理性的电信套餐消费者选择行为分析与预测研究/
苗蕴慧著. —北京：经济科学出版社，2019.1
ISBN 978 - 7 - 5141 - 9536 - 1

Ⅰ.①有… Ⅱ.①苗… Ⅲ.①移动通信 – 电信业务 –
消费者行为论 – 研究 Ⅳ.①F626.12②F713.55

中国版本图书馆 CIP 数据核字（2018）第 161645 号

责任编辑：李　雪　边　江
责任校对：蒋子明　王苗苗
责任印制：邱　天

有限理性的电信套餐消费者选择行为分析与预测研究
苗蕴慧　著
经济科学出版社出版、发行　新华书店经销
社址：北京市海淀区阜成路甲 28 号　邮编：100142
总编部电话：010 – 88191217　发行部电话：010 – 88191522
网址：www. esp. com. cn
电子邮件：esp@ esp. com. cn
天猫网店：经济科学出版社旗舰店
网址：http：//jjkxcbs. tmall. com
固安华明印业有限公司印装
710 × 1000　16 开　14.25 印张　200000 字
2019 年 3 月第 1 版　2019 年 3 月第 1 次印刷
ISBN 978 – 7 – 5141 – 9536 – 1　定价：58.00 元
（图书出现印装问题，本社负责调换。电话：010 – 88191510）
（版权所有　侵权必究　打击盗版　举报热线：010 – 88191661
QQ：2242791300　营销中心电话：010 – 88191537
电子邮箱：dbts@ esp. com. cn）

前　　言

随着新一轮电信（Telecom）改革与重组的完成，中国的通信电信市场形成了中国移动、中国联通和中国电信三大全业务运营商共同竞争的新格局。电信市场竞争的日趋激烈，迫使电信运营商的运营模式正在逐渐从以产品为中心转变为以消费者为中心。如何有效地分析和预测消费者的选择行为对于电信运营商的发展起着至关重要的作用。为了在竞争激烈的市场中吸引更多的消费者，电信运营商推出了很多电信产品。在众多的电信产品中，手机移动电信套餐是最重要的一种产品形式。不同消费者对电信业务的需求不一样，消费能力也不同，于是三大电信运营商就需要针对不同的消费群体推出不同的移动套餐。对电信套餐消费者选择行为的深入了解，对于电信运营商实现套餐最优定价、有目标地推介套餐、最大限度地获取消费者价值等具有重要的指导意义。

在现实生活中，由于信息的不完全或者说信息的不对称使得电信消费者在选择套餐时不能做出完全理性的判断。有鉴于此，本书基于前景理论及其推广参考依赖模型改进了传统的离散选择模型，分析和预测有限理性的电信消费者个体选择套餐的行为。

本书的主要工作包括：

（1）对前景理论及相关基础理论和电信行业的研究现状进行了系

统的综述。首先对前景理论及相关基础理论进行了概述，包括有限理性、前景理论及其参考依赖模型等，并对这些基础理论的研究现状分别从理论研究现状和应用研究现状进行了综述，为后续研究奠定了坚实的理论基础。其次，对电信行业的相关研究现状进行了综述，包括电信行业的发展历程、电信套餐的相关知识及电信消费者的行为研究现状等内容，为以后的理论研究提供了充足的背景材料。

（2）从定性和定量的角度分析了电信套餐消费者的选择行为。在消费者行为相关理论的基础上，分析了电信套餐消费者的选择行为和影响消费者选择电信套餐的因素。设计了针对大学生群体套餐选择情况进行的调查问卷，并通过纸质和网络调查方式获得了大量数据，为后续的研究工作提供了实际的数据来源，最后基于问卷对电信套餐消费者的选择行为进行了定量分析。

（3）有限理性的电信套餐消费者选择行为分析。基于前景理论研究了有限理性的电信套餐消费者选择行为，并与基于期望效用理论的完全理性消费者的选择行为进行了比较，结果表明基于前景理论方法得到的结果与实证研究得到的结果一致。同时，由于参考点设定是前景理论中非常重要的研究内容之一，又提出了基于期望消费最小的参考点设定方法，并基于新的参考点分析了电信套餐消费者的选择行为，结果同样验证了电信消费者在选择套餐时的有限理性的合理性。

（4）基于改进前后的多项logit模型预测电信套餐消费者的选择行为。在概述离散选择模型的基础上，利用传统的多项logit模型预测了消费者的套餐选择行为。针对传统多项logit模型不能预测有限理性消费者的选择行为的缺陷，基于参考依赖模型改进了多项logit模型，建立了有限理性的电信套餐消费者选择行为的预测方法。将利用改进前后的多项logit模型对多个运营商的实际消费数据进行预测，并进行对比分析，验证了改进后模型的有效性，并得到了一些有价值的结论。

（5）基于改进前后的嵌套 logit 模型预测电信套餐消费者的选择行为。由于多项 logit 模型存在缺陷，最明显的就是"不相关选项间的独立性"（Independence from Irrelevant Alternatives，IIA）的特性，此特性隐含引入新的套餐会对其他套餐产生相同的影响，极可能导致预测结果的不准确。而嵌套 logit 模型能够避免在多项 logit 模型中存在的 IIA 缺陷，于是利用嵌套 logit 模型对消费者的套餐选择行为进行预测。针对传统的嵌套 logit 模型同样不能预测有限理性消费者选择行为的缺陷，基于参考依赖模型对嵌套 logit 模型进行了改进，建立了有限理性电信套餐消费者选择行为的预测方法。将利用改进前后的嵌套 logit 模型对多个不同运营商的消费者实际消费数据进行预测，并进行对比分析，验证了改进后模型的有效性，并得到了一些有借鉴意义的结论。

在本书的撰写过程中，许多专家、学者给予了帮助和指导，这使得本书涉及的研究工作能够顺利地开展并最终完成，在这里一并表示感谢！本书系国家自然科学基金资助项目"基于前景理论的消费者离散选择行为模型及应用研究"（项目编号 71601127）和辽宁省教育厅人文社会科学研究资助项目"基于前景理论的有限理性消费者选择行为预测研究"（项目编号 WQ2017001）的研究成果。

由于本书的作者水平有限，书中的观点尚有不成熟之处，一些写法和叙述难免有不妥和疏漏，恳请学术同行及广大读者能够不吝赐教，给予批评和指正。

苗蕴慧

2019 年 1 月 13 日

第 1 章

绪　　论

1.1　问题的背景及研究工作的意义

1.1.1　问题的背景

随着知识经济的飞速发展，以及全球电信行业发展与改革步伐的不断加快，电信市场的竞争日益激烈。中国加入 WTO 后，根据世贸组织的电信协议，中国电信市场将逐步对外开放，一些世界级的电信巨头将通过各种手段渗透到中国电信市场，国际化的市场环境要求国内的电信运营商在经营管理上能够迅速赶上国外的先进水平，以迎接电信运营业的国际化竞争[1]。自此，中国电信行业加快了重组整合的推进和业务的融合，2008 年 5 月，随着新一轮电信改革与重组的完成，中国电信市场形成了以中国移动、中国电信和中国联通三大全业务运营商共同竞争的电信市场新格局，再加上 3G 牌照的发放，电信行业的格局发生了新变化，电信行业的竞争更加趋于白热化[2]。

2012 年，电信运营业着力于网络基础设施建设，降低电信资费综合价格水平，逐步优化市场结构，全行业继续保持健康平稳运行。全年主营业务收入累计达 10762.9 亿元，同比增长 9.0%，高于同期 GDP 增速（7.8%）1.2 个百分点，延续了上年 2 季度以来增速持续高于 GDP 增速的良性发展态势（见图 1.1）。随着"宽带中国"工程深入实施，3G 业务和应用加快普及，电信主营业务平稳快速发展[3]。

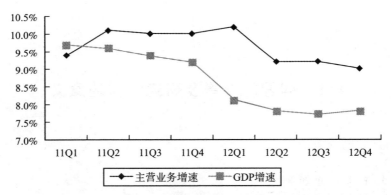

图 1.1　2011～2012 年我国电信运营业主营业务收入增速

资料来源：工业和信息化部、国家统计局，中经网整理。

2012 年，我国移动通信累计完成业务收入 7933.8 亿元，同比增长 10.6%，在电信主营业务收入中所占的比重由上年同期的 72.5% 上升至 73.7%；固定通信累计完成业务收入 2829.1 亿元，增长 4.9%，在电信主营业务收入中所占的比重由上年同期的 27.5% 下滑至 26.3%，但增速较上年同期的 1.0% 上升了 3.9 个百分点[3]。

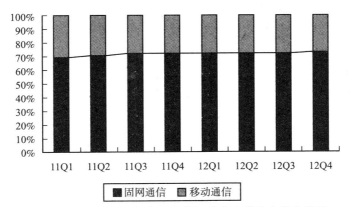

图 1.2　2011～2012 年我国电信运营业主营业务收入结构

资料来源：工业和信息化部，中经网整理。

随着中国电信和中国联通在新增市场上日益攫取更多份额，中国移动在存量市场上的用户份额逐步下降，但是其行业老大地位依然稳固。截至 2012 年 12 月末，中国移动、中国联通、中国电信移动用户数量分别达到 71029.8 万户、23931.2 万户、16062 万户，分别占全国移动电话用户的 63.87%、21.52%、14.44%[3]。

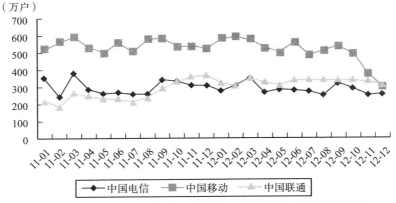

图 1.3　2011～2012 年我国三大运营商移动用户较上月净增数量

资料来源：公司网站，中经网整理。

电信行业市场竞争的日趋激烈，迫使国内电信运营商不得不考虑寻求新的盈利模式，以及如何提升自身的核心竞争力。目前，国内的电信运营商正在逐渐从以产品为中心、以营业窗口为基础的运营模式向以消费者为中心、以业务为依托、以网络为基础的模式转变[4]。与此同时，通信和计算机技术的飞速发展，使得国内的电信运营商已经可以快速地开发并且部署新的业务。为了在竞争激烈的市场中吸引更多的消费者使用推出的各类业务，最大化运营商的利益，电信运营商们对传统的营销模式进行了根本性的变革，以前单业务的营销模式变为以电信产品为包装的多业务组合营销模式。

在众多的电信产品中，资费套餐是最重要的一种产品形式[5]。随着电信行业竞争的加剧，电信市场的竞争由单一的价格战转化为资费套餐的竞争。资费套餐业务是根据不同消费者的需求，组合通话月租费、免费通话时间、优惠的数据业务以及增值业务而设计的不同档次、不同内容的资费服务模式。资费套餐本质上就是差异化定价，这种资费模式因其人性化的构思在全世界范围内都广受欢迎[6]。

不同消费者对电信业务的需要不一样，消费能力也不同，电信运营商需要按照不同消费者群体推出不同的套餐。推出合理的套餐，对消费者而言，对使用频率最多的业务降低资费，也就是享受了优惠。对运营商而言，针对不同消费者对不同业务设定不同的资费，并没有降低业务的平均收益，反而会由此吸引更多的新消费者，从而增加总收益。

现在三大电信运营商已经打着套餐的名号，推出各式各样的套餐，进行"资费战"。而通信资费的降低使运营商的每月每户平均收入（Average Revenue Per User，ARPU）值呈现逐年下降的趋势[7]。在这种情况下，对电信消费者行为的深入了解变得相当重要，如消费者选择套餐的模式怎样？消费者在不同套餐之间的转换行为如何？消费者对某些资费、某些业务是否有特殊偏好？套餐定价如何影响消费者的选择及使用？如何做到消费者行为的准确预测等，这些问题的探讨对于电信运营商实现最优定价、有目标的推介业务、最大限度地获取消费者价值等具有重要的指导意义，因此，以上问题也成为运作管理领域重要的研究课题。

本书所指的电信消费者是使用电信行业包括移动、联通和电信三大运营商提供的服务的用户。电信套餐消费者的选择行为研究隶属于电信需求研究，是从电信需求研究中细分出来的。

电信消费者选择资费套餐后进行使用，具有非同时性，消费者根据预期使用量选择资费套餐，这个预期可能会影响消费者对套餐的选择和使用。但消费者实际使用量有可能和预期的使用量之间是不一致的，即存在需求的不确定性，资费套餐的选择也会影响套餐的使用，消费者通过以前对套餐的使用也会有新的预期使用量，用来指导后续资费套餐的选择[8]。这就导出在需求不确定下，电信套餐消费者的选择行为研究问题，这属于微观层面的电信消费者行为研究范畴。尽管电信行业取得巨大发展，有关电信业务消费者选择行为的研究也在不断增加，但可能由于套餐的复杂性，分析预测电信消费者对套餐的选择行为的研究并不多见。

本书在分析预测电信消费者对套餐的选择行为的研究过程中，所基于的理论是一种在计量经济学、微观经济学和统计学中称之为离散选择模型的分析方法。离散选择问题经常出现在计量经济学当中，消费者的特征和可供选择的选择项都是用离散变量来表示的。传统经济学需求分析总是先假定以连续变量表示个人选择，因此传统的需求分析方法并不适合用于分析离散选择问题。离散选择原理是在经济学理论基础上，依据个人的选择总是使自身效用最大化的原理，再结合经济计量方法建立起来的。它从根本上改变了对个人行为的经济计量分析的看法，使离散选择迅速发展成为现代计量经济学的一个重要分支[9]。对分析预测电信消费者个体的套餐选择行为研究来说，离散选择分析的方法是非常适合的。

电信套餐消费者的选择行为研究对于套餐需求分析、套餐设计及套餐的营销策略等都是十分关键的问题[8]。基于随机效用理论的离散选择模型可以引入套餐特性、个人特性和社会经济特性等多种影响变量，从概率的角度用定量的方法分析个体对于套餐的选择行为，更全面、合理地描述消费者的套餐选择行为。

传统的离散选择模型都是假设消费者是完全理性的[10]，但在实际生活中，消费者往往是有限理性的，信息的不完全或者说信息的不对称使得消费者不会做出完全理性的判断，也就不会有完全理性的行为。而前景理论[11]及其推广模型——参考依赖模型[12]则是在假设消费者是有限理性的前提下得到的。因此本书将基于参考依赖改进传统的离散选择模型，以便更加准确地预测分析有限理性的消费者的套餐选择行为。

本书依托国家自然科学基金青年项目"基于前景理论的消费者离散选择行为模型及应用研究"（项目编号71601127）和辽宁省教育厅人文社会科学研究项目"基于前景理论的有限理性消费者选择行为预测研究"（项目编号WQ2017001）展开。

1.1.2　研究工作的意义

消费者对电信套餐的选择行为是电信行业市场营销领域的核心问

题，消费者在套餐选择过程中的决策行为直接影响着电信运营商的套餐营销策略，对消费者的电信套餐选择行为的分析和建模研究，是套餐营销策略制定及套餐评价与选择的重要基础。由于传统消费者行为模型的建模条件都是假设消费者完全理性，这不符合实际电信消费者的决策行为特点，而行为经济学中有限理性的概念为解决这个问题提供了参考。

本书的研究通过引入行为经济学中有限理性的概念，在消费者的电信套餐选择行为分析中，消费者的选择行为预测建模具有了更精确、全面的行为假说，逻辑性强，成果不仅可以丰富消费者行为学的基础理论，还可以为电信运营商的套餐营销策略提供科学的分析方法，为电信运营商制定相关政策提供有益的参考。因此，本书的研究具有重要的理论意义和实用价值。

1.2　研究目标与内容

1.2.1　研究目标

本书的研究目标是以电信消费者对套餐的选择行为为背景，借鉴国内外相关领域的理论研究成果，在研究和分析有限理性的消费者对套餐的选择行为的基础上，建立了基于前景理论的消费者选择套餐行为的分析框架。并以此为基础，利用基于参考依赖改进的离散选择模型（多项 logit 模型和嵌套 logit 模型）来预测有限理性的电信套餐消费者的选择行为，是套餐营销策略制定及套餐评价的重要基础，为电信运营商的套餐营销策略提供科学的分析方法，为电信运营商制定相关政策提供有益的参考。

1.2.2　研究内容

基于上述目标定位，本书的主要研究工作如下：

（1）综述了前景理论及相关研究成果；

（2）开展调查研究，基于调查问卷所获数据对电信套餐消费者的选择行为进行定性与定量分析；

（3）基于前景理论，分析有限理性的电信套餐消费者的选择行为，并与基于传统期望效用理论分析的完全理性的电信套餐消费者的选择行为进行比较分析；

（4）基于参考依赖模型改进传统的多项 logit 模型，预测有限理性的电信套餐消费者的选择行为，并与利用改进前的多项 logit 模型进行预测的结果进行比较分析；

（5）基于参考依赖模型改进传统的嵌套 logit 模型，预测有限理性的电信套餐消费者的选择行为，并与利用改进前的嵌套 logit 模型进行预测的结果进行比较分析。

1.3　研究的技术路线与方法

本书的研究分三大部分，即基础数据的获取与分析、建模分析与验证和预测（应用）研究，总体技术路线如图 1.4 所示。

管理学研究方法[13]从论证角度可分为理论研究和实证研究两种，

本研究将理论研究和实证研究相结合,综合运用消费者行为学、前景理论和离散选择模型等科学理论,采用了定量分析结合定性分析的研究方法。基于分析和预测消费者套餐选择行为的研究课题,通过文献梳理和总结,研究并改进了经典的理论和方法,建立了理论框架和模型。在第3章中对电信套餐消费者的选择行为进行实证研究,设计了大学生手机套餐选择情况的调查问卷,获得了基础数据,并结合消费者行为学对电信消费者选择套餐的行为特征进行分析。基于得到的实证数据,第4章结合前景理论分析了有限理性的电信套餐消费者的选择行为,第5章和第6章分别改进离散选择模型(多项 logit 模型和嵌套 logit 模型),预测了有限理性的电信套餐消费者的选择行为。

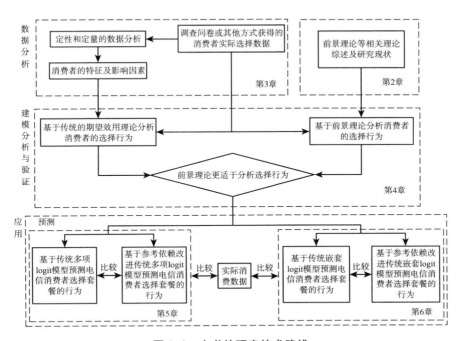

图 1.4 本书的研究技术路线

1.4 主要研究成果

本书的主要研究成果包括：

（1）综述了前景理论及相关应用研究。

对前景理论及相关基础理论进行了概述，包括前景理论的前提——有限理性、前景理论的延伸——参考依赖模型的介绍等，并对这些基础理论的研究现状分别从理论研究现状和应用研究现状进行了综述，为后续问题的研究奠定了坚实的基础。此外，还对电信行业的相关研究现状进行了综述，为以后的理论研究提供充足的背景材料。

（2）电信消费者选择套餐的行为分析。

对电信套餐消费者的选择行为进行了定性分析，概述了消费者行为的相关理论，并对影响电信消费者选择套餐的因素进行了分析。设计了针对大学生套餐选择情况的纸质及网络调查问卷，为后续的研究工作提供了实际的数据，并基于此对电信套餐消费者的选择行为进行了定量分析。

（3）有限理性的电信套餐消费者选择的行为分析。

基于前景理论研究了有限理性的电信套餐消费者的选择行为，并与基于期望效用理论研究完全理性的消费者的行为进行了比较，结果显示基于前景理论的方法得到的结果与实证研究得到的结果一致。由于参考点设定是前景理论中非常重要的部分之一，本章又提出了一种新的设定参考点的方法，并基于新的参考点分析了电信套餐消费者的选择行为，验证了电信消费者在选择套餐时是有限理性的。

（4）基于改进前后的多项 logit 模型预测电信套餐消费者的选择

行为。

在概述离散选择模型的基础上，利用传统的多项 logit 模型预测了电信套餐消费者的选择行为。针对传统多项 logit 模型不能预测有限理性消费者的选择行为的缺陷，基于参考依赖模型改进了多项 logit 模型，建立了有限理性的电信套餐消费者选择行为的预测方法。将利用改进前后的多项 logit 模型对多个运营商的实际消费数据进行预测，并进行对比分析，验证了改进后模型的有效性，并得到了一些有价值的结论。

（5）基于改进前后的嵌套 logit 模型预测电信套餐消费者的选择行为。

由于多项 logit 模型存在缺陷，最明显的就是"不相关选项间的独立性"（Independence from Irrelevant Alternatives，IIA）的特性，此特性隐含引入新的套餐会对其他套餐产生相同的影响，极可能导致预测结果的不准确。而嵌套 logit 模型能够避免在多项 logit 模型中存在的IIA 缺陷，于是利用嵌套 logit 模型对消费者的套餐选择行为进行预测。针对传统的嵌套 logit 模型同样不能预测有限理性消费者选择行为的缺陷，基于参考依赖模型对嵌套 logit 模型进行了改进，建立了有限理性的电信套餐消费者选择行为的预测方法。将利用改进前后的嵌套 logit 模型对多个运营商的消费者实际消费数据进行预测，并进行对比分析，验证了改进后模型的有效性，并得到了一些有借鉴意义的结论。

第2章

相关基础理论与研究综述

从现代决策理论的发展过程和研究范式来看，其可以分为理性决策理论和行为决策理论。20 世纪 80 年代中期以前，在现代决策理论中占据绝对主导地位的是以假设决策者是完全理性的期望效用理论为基础的理性决策理论。而行为决策理论是针对理性决策理论难以解决的问题而另辟蹊径发展起来的。行为决策属于多学科交叉研究领域，它广泛地采用了心理学、经济学、统计学以及其他学科的概念和方法。丹尼尔·卡尼曼（Daniel Kahneman）和阿莫斯·特韦尔斯基（Amos Tversky）[11] 于 1979 年提出的前景理论（Prospect Theory，PT）是行为决策领域最具代表性的成果。前景理论借助心理学研究对传统经济学发起了挑战，通过修正传统经济学许多基本假设，尤其是假设决策者是有限理性的而开创了行为经济学研究新领域。

本章首先对理性的相关理论进行概述，然后介绍前景理论及参考依赖模型的相关理论基础，最后对以上理论的研究现状从理论研究和应用研究两个角度展开，为后续章节中所研究的问题奠定理论基础。此外，本章还整理了电信行业的相关研究现状，以期为理论研究提供更好的应用环境。

2.1　完全理性与有限理性概述

理性决策理论认为决策者都是完全理性的，即决策者能够获得所有准确的、可用于决策的完全信息，并根据这些信息就能够得出最优的结论。而行为决策理论则假设决策者是有限理性的。在详细的研究有限理性之前，有必要先对完全理性进行回顾。

2.1.1　完全理性相关概述

2.1.1.1　完全理性概述

经济学家所说的理性主要是指经济人理性，并把经济人理性视为一种实现个人利益最大化的最有效途径或手段，并在对经济主体理性认识的前提下，构造了不同的经济学理论体系。

赫伯特·西蒙（Herbert Simon）[14]对经济理性有系统的说明：

（1）广义而言，理性指一种行为方式，它适合实现指定目标，而且在给定条件和约束的限度之内。

（2）在某些特殊场合下，这个定义的上述两方面可以有更精细的规定。这类特殊用法中的重要者包括：

①目标可假定是效用函数期望值在某一时间区域上极大化的形式（对策论称此为极小极大化）。效用函数的存在性，可从决策者偏好的有序性和一致性假定上导出。形式化的经济理论认为，合理消费者谋求最大期望效用，而合理企业家谋求最大期望利润。如果要使这种极

其严格的形式区别于更一般的形式，则可将前者称为最优性，称后者为适应性或功能性。

②目标可假定是意欲达到的一些准则所构成的，但要么全部达到，要么全部达不到（如欲望水平的达成）。

③条件和约束的一般定义，可指决策者的外部环境的客观特征，或指该环境被感知到的特征，也可指以固定形式出现的、不受自身支配的抉择者自身特征。我们有时通过区分客观理性和主观理性及有限理性，来区别上述第一种定义和后两种定义。

④定义中的所谓目标，可以是抉择者的目标，抉择者所属社会系统的目标，或观察者的目标。

⑤毫不含糊地使用理性一词，要求使用者讲清楚他对目标和条件这两者所做的假定。

另一诺贝尔奖获得者阿玛蒂亚·森（Amartya Sen）[15]也对"理性行为"给出了如下定义：在确定性的情况下，理性行为有两种主要的探讨方式。第一种是强调内在的一致性：理性行为必须符合这一要求，即来自不同子集的各种选择应与一种有说服力的、成体系的方式相互对应（通常被解释为偏好，x 比 y 较受偏好或 y 与 x 无差异）。第二种方式是以对追求自身利益的推断来表示的。

国内学者汪丁丁等[16]也认为新古典经济学理性有三层含义：第一层含义是"人的自利性"假设；第二层含义是"极大化原则"（也可以表示为"极小化原则"）；第三层含义是每一个人的自利行为与群体内其他人的自利行为之间的一致性。

综上所述，在经济学中，理性一般可以认为是效用函数确定条件下的最大化选择及其行为。可以将其展开为两个层次，即效用函数的确定和效用函数的最大化计算。

2.1.1.2　完全理性的缺陷

决策者在实际生活中往往不是完全理性的，原因如下：

第一，决策者不能找到全部备选方案。现代认知心理学对于产生各种备选方案过程的研究，很快就显示了在大多数情况下，要想找到全部备选方案是不合理的。实践表明，人们只能寻找到满意的解决方案。

第二，决策者并不能完全了解备选方案的所有后果。知识和任务，就是要从整整一大堆可能的结果当中，挑出与某一策略相关联的一小批结果，或者理想化地挑选出唯一的结果。然而作为行为主体的人当然不能直接知道其行为将会导致什么后果。事实上，人们所做的，无非是预料未来，而这种预料，又是以已知的经验和有关的现实状况的信息为依据的。另外，人们的注意力常常随着偏好体系的变化而变化，从一种价值要素转移到另一种价值要素上去，从而使人们的头脑无法在某一瞬间抓住所有后果的整体。与此同时，社会系统还是一个不确定性很大的随机系统，是很难测试准确的，而且由人参与的反馈性也导致预测不准。

第三，决策者并没有一套明确的、完全一贯的偏好体系。实际决策中，由于价值问题的复杂性，决策者有时难以明确表达其价值偏好，甚至出现前后不一贯的矛盾现象，如有违于偏好的传递性。这不仅在现实生活中常常遇到，而且已为心理实验所证实。在人的生活中，固然偏好会决定行为的取向与选择，但偏好并不都是先验的，它本身的变化与明确程度又是行动的结果。决策制定总是要受到时间、空间、精力或其他成本的制约，决策不仅要求具有合理性，而且要求有时效性。

2.1.2　有限理性概述

有限理性（Bounded Rationality）则是指介于完全理性和非完全理性之间的在一定限制下的理性。1956 年，赫伯特·西蒙[17]提出了有限理性概念，提出以追求满意为目标的有限理性准则。赫伯特·西蒙认为人们在决定过程中寻找的并非是"最大"或"最优"的标准，而只是"满意"的标准。

"令人满意的决策准则"的完整说法应该是："用令人满意的准则代替最优化的准则"。决策者不是全知全能的"完全理性人"，而是"有限理性人"。"完全理性人"是全知全能的，所以其寻求最优解；"有限理性人"非全知全能，因此只能寻求满足最低要求的解——也只有如此才是现实的、可行的。

人具有有限理性，应该是基于两个方面的原因：首先，人是一种情感丰富的动物，人的行为受到情绪的左右，不可能在任何时候都进行理智的分析判断。人在悲伤和兴奋时对同样的事情可能会表现出截然不同的行为。这种现象运用理性人假设——人总是追求效用最大化是无法解释的。人的认知活动要受到情感的严重影响，但情感的作用并不支配人的全部。因而，人是在感性影响下的理性人——有限理性。其次，人之所以只能具有有限理性，还有个更重要的原因是信息的不完全或者说信息的不对称。当人对信息掌握得不够多、不够准确的时候，就不会做出完全理性的判断，也就不会有完全理性的行为。

1978 年，赫伯特·西蒙因为提出个体的"有限理性"的假设，获得了当年的诺贝尔经济学奖，赫伯特·西蒙可以称作有限理性的奠基人。赫伯特·西蒙的"有限理性"和"满意决策准则"这两个命题纠正了传统的理性决策理论的偏激，拉近了决策理论的预设条件与现实生活的距离。

以赫伯特·西蒙获得诺贝尔经济学奖为契机，"有限理性学说"确立了它在学术界的地位，行为决策理论是以"有限理性"为基石，在描述型范式下形成的决策理论。它建立在一定实践经验的基础之上，包含行为科学和心理科学的内容，试图从人类行为的根本上探讨决策行为的一般规律。

2.2　前景理论的基础理论概述

1979 年，诺贝尔奖获得者丹尼尔·卡尼曼和阿莫斯·特韦尔斯基在赫伯特·西蒙的"有限理性"基础上应用经济学和心理学的相关原理提出了前景理论[11]，用于描述不确定性条件下人们的实际决策行为。下面在介绍前景理论前先总结一下不确定条件下的决策理论及其发展过程。

2.2.1　不确定条件下的决策理论

按照决策对象的确定性程度，决策可分为：
（1）确定型决策：事件的结果是确定的；
（2）风险型决策：事件结果不确定，但是知道概率；
（3）不确定型决策：事件结果不确定，概率也不知道。
由于风险型决策的各事件结果的客观概率不容易全部得到，而不确定型决策的概率也并非一无所知，因此本书将风险型决策以及不确定型决策统称为不确定性条件下的决策，指对决策的结果并非完全确定。

不确定性条件下的决策理论是决策理论的核心之一，它的演变经过了三个阶段：

（1）第一个阶段是"期望值理论"（Expected Value Theory，EVT）的提出，该理论假设决策者遵循的是数学期望值最大化原则。期望值理论是指人们对相似条件的备选选项，先计算每个选项的数学期望值，然后选择期望值最大的选项。

（2）第二个阶段是"期望效用理论"（Expected Utility Theory，EUT）的提出，该理论假设决策者遵循的是期望效用最大化原则。该原则由约翰·冯·诺依曼（John Von Neumann）和奥斯卡·摩根斯顿（Oskar Morgenstern）[18]提出，并由伦纳德·吉米·萨维奇（Leonard Jimme Savage）[19]以及弗朗西斯·约翰·安斯科姆（Francis John Anscombe）和奥曼（Aumann）[20]进一步完善为"主观期望效用理论"（Subjective Expected Utility Theory，SEUT）。

期望效用理论研究的前提是事件发生结果是客观确定的，并假设决策具有完全理性的特点，或者拥有足够的信息，即对未来可能发生的结果具有充分的认知，但是在现实中，决策主体很难完全掌握事件的结果或者发生概率。在期望效用理论中把客观事件的发生概率和个体在主观层面的发生概率进行分离，因此客观事件的发生概率实际上被主观概率所取代，相应的备选方案预测结果主要取决于决策者的主观认知。

"主观期望效用理论"企图弥补这种对某一结果发生概率充分认知假设的不足，将客观结果的概率和人的主观认知主观赋予的概率进行分离，用主观概率来取代效用函数中的概率，于是，某一结果发生的概率，取决于人的主观赋予。

（3）第三个阶段以对"期望效用理论"的修正为标志。这一阶段发展的缘由主要来自经济学家认识到"期望效用理论"对现实的背离，如著名的阿莱悖论[21]（Allais Paradox）和埃尔斯伯格悖论[22]（Ellsberg Paradox）等。

这些背离促使各种各样的新理论陆续出现，这些新理论的一个共同之处是试图扩展期望效用理论的假设。在这些新理论中，最著名的便是丹尼尔·卡尼曼与阿莫斯·特韦尔斯基提出的前景理论[11]。

2.2.2　前景理论概述

前景理论是通过期望值理论和期望效用理论发展而来的一种描述性范式的决策模型。前景理论认为人类由于自身的局限性，在风险以及不确定条件下做出的决策经常会有有限理性的行为发生。研究者通过大量的实际调查和实验分析，依据价值的变化量以及决策者的风险态度因素，建立了描述风险以及不确定条件下的决策者决策行为的数学模型。

2.2.2.1　决策的过程

前景理论最基本的研究单元是前景（x_1，p_1；x_2，p_2；…；x_n，p_n），前景可以理解为事件，其中 x_i 的含义是前景的第 i 个可能发生的结果，p_i 是对应于 x_i 的发生概率，$1 \leqslant i \leqslant n$。所有的研究都基于前景来进行，前景理论这一名称的来源正是在于此。

对于前景（x，p；y，q），记 0 代表决策框架的参考点，当结果 x，y 大于 0 时，表示收益，当结果 x，y 小于 0 时，表示损失。

若 x，$y > 0$，且 $p + q = 1$，则称该前景为严格正的（Strictly Positive）。

若 x，$y < 0$，且 $p + q = 1$，则称该前景为严格负的（Strictly Negative）。

若该前景不是上述两种情况，则称其为规则的（Regular）。

前景理论认为，决策过程基本上可分为初期的编辑（Editing）与后期的评价（Evaluation）两个阶段：在编辑阶段，主要对决策问题进行初步的分析和处理，决策者把问题简化为一定形式使决策容易进行，找到一个中性参考点将结果区分为收益和损失；评价阶段以编辑的结果为基础，计算并选出最高价值的前景[23]。

（1）编辑阶段。

编辑阶段主要是对前景进行形式整理，由对前景（包括结果及其出现的概率）的一系列基本操作构成，以简化后续的评价与选择过程。编辑阶段的作用是按照一定的标准、用规定的方法对各个选项进行描述，以简化随后的评价和选择。编辑的对象是与所提出前景相关的收益和概率，对它们进行变换处理，使得决策者更容易做出决策。编辑阶段包括以下几个操作：

①编码（coding）。人们通常感知的结果是收益或者损失，而不是最终结果状态。通过找到一个中性参考点（Reference Point，RP），将结果区分为收益和损失。参考点的位置以及收益和损失的编码，会受到给定前景的表达和决策者期望的影响。编码就是将前景的结果表示为对应于参考点的收益或损失。

②整合（combination）。前景有时可以通过将同一结果的概率组合在一起而获得简化。例如，前景（200，0.25；200，0.25）可简化为前景（200，0.50），然后再进行评价。

③分离（segregation）。对于某些备择方案，包括无风险部分，可将其从风险成分中分离出来。例如，前景（300，0.80；200，0.20）自然地分解为确定收益200与有风险前景（100，0.80）。类似地，很容易看出前景（-400，0.40；-100，0.60）包含了确定损失100与

前景（−300，0.40）。

以上三个操作适用于每一个个别的前景。

下列操作适用于两个或者更多的一组前景。

④删除（cancellation）。删除是指将各个前景中共有或相同的成分进行删除。例如，对于从前景（200，0.20；100，0.50；−50，0.30）与前景（200，0.20；150，0.50；−100，0.30）之中进行选择的问题，可以通过删除，简化为前景（100，0.50；−50，0.30）与（150，0.50；−100，0.30）之间的选择。

两种额外的应该提及的操作是简化和占优检查。

⑤简化（simplication）。简化是指通过对概率和结果凑整来简化前景。例如，前景（101，0.49；0，0.51）可以被简化为前景（100，0.50；0，0.50）。

⑥占优检查（detection of dominance）。若对两个前景 A、B，前景 B 中的各项概率及结果均不大于 A 的对应值，则称 B 被 A 占优。占优检查是对各个前景进行检查，将被占优的前景直接舍去。

（2）评价阶段。

经过编辑阶段处理后，对各个前景的评价是依据其总价值 V 的大小进行的。对一个前景来说，其总价值的大小取决于决策权重函数 $\pi(p)$ 和价值函数 $v(x)$ 两个尺度（Scales）函数。决策权重函数 $\pi(p)$ 是结果概率 p 的函数，反映了 p 对于前景总价值的影响程度，设 $\pi(0)=0$，$\pi(1)=1$；价值函数 $v(x)$ 是结果值大小的函数，反映了人们对于该结果价值的主观评价，但这里的结果值是用相对于参考点的偏差测度的，且有 $v(0)=0$。

前景理论基本方程的描述方式是用 $\pi(p)$ 和 $v(x)$ 组合在一起来决定前景的总价值。前景（x，p；y，q）的总价值分为两种情况计算：

①对于规则前景，即 $p+q<1$，或 $x \geqslant 0 \geqslant y$，或 $x \leqslant 0 \leqslant y$ 时，总价值定义为

$$V(x, p; y, q) = \pi(p)v(x) + \pi(q)v(y) \qquad (2.1)$$

可以看出，总价值的形式与期望效用的形式基本相同，但是分别用 $\pi(p)$ 和 $v(x)$ 取代了效用计算时的 p 和 x。

②对于严格正前景或严格负前景，即当 $p+q=1$，x，$y>0$ 或 x，$y<0$，总价值定义为

$$V(x, p; y, q) = v(y) + \pi(p)[v(x) - v(y)] \qquad (2.2)$$

可以看出，这时前景的总价值等于无风险部分的价值加上结果之间的价值差异乘以更极端结果的权重。例如，$V(400, 0.25; 100, 0.75) = v(100) + \pi(0.25)[v(400) - v(100)]$。

在前景理论中，最重要的三个部分是参考点、价值函数和决策权重函数，下面将分别进行介绍。

2.2.2.2　参考点

认知心理学认为，人们在对决策方案进行判断和评价时往往都隐含着一定的评价参考标准，这就是研究者们常说的参考点。参考点是人们在选择和做出决定时参考比较的对象，它的形成是一个较为复杂的心理过程。

根据特里迪布·马赞达尔（Tridib Mazumdar）等[24]的总结，参考点的形成主要是基于以下三类因素：一是可预测的期望，该期望是由决策者以前的经验和当前的环境决定的。二是规范的标准，它包括人们通常认为的"公平"或"公正"的水平，比如人们认为某价格是否高，可能主要是与某个他们认为的公平价格进行比较的，如果高于该公平价格，则消费者会认为该价格偏高，反之消费者可能会认为该价格偏低。三是渴望的标准或水平，比如，人们认为某个产品或服务

价格高或者低，可能是与身边的人进行同样的购买或消费而支付的代价进行比较，此时，他们身边的消费者进行同样或类似消费的代价就成为其参考点。

行为决策理论认为，决策者的选择行为并非单纯以绝对量为依据，很多时候其选择行为受到参考点影响。由于参考点的作用，决策者行为会呈现参考效应（Reference Effect）、损失规避效应（Loss Aversion）以及敏感性递减（Diminishing Sensibility）等行为特征。在消费者行为研究中，参考效应是指消费者对产品的某一属性评价并不仅仅依赖于该属性的绝对水平，而是更多依赖基于某个参考点水平形成的相对量。而由于参考点的作用，消费者选择还可能出现损失规避的特征，即某属性上相同程度的损失会比同等程度的赢得给消费者带来效用变化更大。敏感性递减则类似于传统经济学中的边际效用递减，两者的差别也是由参考点带来的，即敏感性递减是指在赢得和损失两个区间范围内分别存在随着属性绝对量增加而效用的变化量递减。

2.2.2.3　价值函数

前景理论认为：价值不只是最终结果状态的函数，而是由结果的变化程度定义的。价值是参考点及对该参考点的偏差量（正偏差或负偏差）所决定的函数。

与期望效用理论中的效用函数相比，前景理论的价值函数 $v(x)$ 有三点不同：

（1）价值取决于偏离参考点的程度，即决策者是根据相对的损失或收益来做出判断的；

（2）价值函数在收益区域是凹的，在损失区域是凸的，价值函数呈现为 S 形状，是相对于参考点的正偏差的凹函数（$v''(x) < 0$，当 $x > 0$），负偏差的下凸函数（$v''(x) > 0$，当 $x < 0$），即决策者在面临

收益和损失时的风险态度是不一样的，面临收益是保守的、风险规避的，而在面临损失时是风险追逐的；

（3）价值函数曲线在损失部分比收益部分陡峭（对 $x > 0$，有 $v(x) < -v(-x)$，$v'(x) < v'(-x)$），即人们对于损失比收益更敏感。

根据价值函数的以上三个性质，可以得到出价值函数的大致图形，如图 2.1 所示。这个价值函数只是粗略的大致形状，并没有精确的刻度坐标，它仅仅表示了价值函数的重要性质。

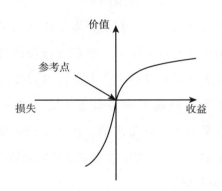

图 2.1　一个假定的价值函数

2.2.2.4　决策权重函数

丹尼尔·卡尼曼和阿莫斯·特韦尔斯基在心理研究的基础上创立了以客观概率为自变量的决策权重函数[11]，认为行为人面对不确定的情况做预期的时候，通常是把小样本的概率分布当作总体的概率分布，夸大小样本的代表性，对小概率加权太重，犯了"小数法则偏差"的错误。

与客观概率不同，决策权重函数 $\pi(p)$ 虽然与概率 p 紧密相关，但并非概率，它并不符合概率公理。一般来说，决策权重函数 $\pi(p)$

是概率 p 的增函数，并且 $\pi(0)=0$，$\pi(1)=1$。

下面讨论 $\pi(p)$ 具有的一些性质：

（1）次可加性（subadditivity）。

前景理论认为，当概率 p 较小时，决策权重函数 $\pi(p)$ 是 p 的次可加函数（Subadditive Function），即有

$$\pi(rp)>r\pi(p), 0<r<1 \qquad (2.3)$$

$\pi(p)$ 的另一个性质是：当概率 p 较小时，$\pi(p)$ 通常被超估（Over-weighted），即对于较小的 p，有

$$\pi(p)>p \qquad (2.4)$$

（2）次确定性（subcertainty）。

次确定性是指对于所有的 $0<p<1$，有

$$\pi(p)+\pi(1-p)<1 \qquad (2.5)$$

即两个互补事件的权重之和小于确定性事件的权重，表明人们更重视确定性事件。考虑式（2.5），次确定性还表明 $\pi(p)$ 对于 p 具有回归性，当 p 较小时 $\pi(p)$ 变大，当 p 变大时 $\pi(p)$ 变小。因此，$\pi(p)$ 随 p 变化的灵敏度在总体上有所降低。

（3）次比例性（subproportionality）。

对任意的 $0<p$，q，$r\leqslant 1$，有

$$\frac{\pi(pq)}{\pi(p)}\leqslant\frac{\pi(pqr)}{\pi(pr)} \qquad (2.6)$$

$\pi(p)$ 的这种特性称为次比例性，即两个定比概率对应的权重比随概率值的减少而增加。

丹尼尔·卡尼曼和阿莫斯·特韦尔斯基给出了一种假定的决策权重函数[11]，如图 2.2 所示，该函数满足对较小值的 p 的超估和次可加性，也满足次确定性和次比例性。

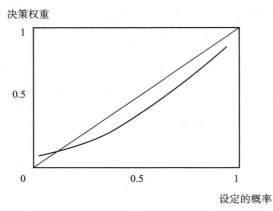

图 2.2　一个假定的权重函数

可以看出，权重函数曲线是一条斜率在（0，1）区间的单调递增曲线，在靠近端点 0 和 1 处不连续，这是因为人们在编辑阶段可能会忽略一些低概率的事件，或者将概率高的事件视为确定事件，另一方面人们在估值评价阶段也可能会给予低概率事件较高的权重，所以导致权重函数在端点处不连续。

2.2.2.5　前景理论与期望效用理论的关系

前景理论描述了不确定情境下个体决策的特征，它强调了个体风险态度在决策中的重要性，并分收益和损失两种情况对人的风险态度和决策行为进行描述：

（1）人们在评价某一结果的效用时，相对结果的绝对值而言，通常对它相对于一个参考水平的偏离程度更敏感；

（2）人们在面对收益时表现为风险规避，面对损失时则表现为风险偏好；

（3）人们对损失的规避程度往往大于对相同收益的偏好程度。

丹尼尔·卡尼曼[11]重点强调，前景理论和期望效用理论并不矛盾，仅仅是从两个不同角度探究决策问题。期望效用理论是一种规范性理论，它有严格的数学推导，而前景理论是一种描述性理论，它主要是根据大量的实际调查和实验提出的。规范性理论指导教育人们应该如何行为，而描述性理论描述了人们的实际行为。

期望效用理论和前景理论都是不可缺少的：期望效用理论用来描述理性行为，前景理论描述真实行为。现实生活中的风险决策问题是十分复杂的，正需要"前景理论"这样丰富的行为模型进行解释，阿莫斯·特韦尔斯基和丹尼尔·卡尼曼提出的不确定条件下判断和决策研究也是赫伯特·西蒙"有限理性"理念的延伸和具体化。曾经被传统经济学所摒弃的许多"异常现象"被重新拉回人们的视野之中，并进行了合理的解释。

前景理论和期望效用理论的主要差异有以下三个方面[25]：

（1）在前景理论中，决策者不关心选择方案本身的最终价值，而是关心它相对于参考点的价值的变化值；

（2）前景理论中的价值函数取代了期望效用理论中的效用函数，函数曲线呈 S 型，在收益区间表现为风险规避，在损失区间表现为风险偏好；

（3）在前景理论中，决策权重函数取代了期望效用理论中的概率权值，权重函数并不是一个概率数值，而是决策者针对备选方案预测结果的发生概率做出主观上的判断，因此它不需遵循概率论的公理，通过对概率取值赋予相应的权重，作为决策者的认知概率。决策权重函数通常定义成选择概率的单调增函数，同时给小概率事件赋予较大的权重，对于大概率事件则赋值较小的权重。

2.2.3　累积前景理论概述

2.2.3.1　累积前景理论的提出

前景理论提出后，尽管可以解释许多用期望效用理论难以解释的决策行为，但也有一些不足，并受到一些学者的质疑。首先是对于具有多个决策后果的前景难以分析，其次是在有些情况下其分析结果与随机占优（stochastic dominance）分析的结果不一致[23]。

为了解决前景理论存在的问题，1992 年，阿莫斯·特韦尔斯基和丹尼尔·卡尼曼在约翰·奎金（John Quiggin）提出的等级依赖效用[26]（Rank Dependent Utility，RDU）理论的基础上提出了累积前景理论[27]（Cumulative Prospect Theory，CPT）。等级依赖效用理论认为赋予结果的权重不仅和结果的概率有关，而且和每个结果相对于其他结果的排序有关，可以解决前景理论的上述不足之处。

累积前景理论运用累积的决策权重而不是分散的决策权重，分别使用累积函数表示收益与损失的权重对前景理论进行了修正，该理论允许多个不同的收益和损失权重函数。累积前景理论是对前景理论的重要推广，可以适用于具有有限多个决策后果的风险决策分析和决策后果为连续分布时的情形，而且可以处理不确定性决策问题。

累积前景理论相对于传统的前景理论具有以下优点：

（1）可应用于有任何数目的可能结果的不确定前景和风险前景；

（2）区分了高概率收获时风险规避、高概率损失时风险寻求、低概率收获时风险寻求、低概率损失时风险规避四种风险态度；

（3）允许收益和损失时有不同的加权函数。

2.2.3.2 累积前景理论模型

设 $f = (x_{-m}, p_{-m}; \cdots; x_n, p_n)$ 为给定的前景，并且决策结果 $\{x_i\}$ 已按顺序排列为

$$x_{-m} < x_{-m+1} < \cdots < x_0 < x_1 < \cdots < x_n \qquad (2.7)$$

其中，$x_0 = 0$。

前景 f 实质上可以视为取值空间为 $S = \{x_{-m}, x_{-m+1}, \cdots, x_{-1}, x_0, x_1, \cdots, x_n\}$ 的随机变量 X 的分布。假设 $x_0 = 0$ 为 S 中的因素。若 f 中没有显示标明 x_0，则默认 $p_0 = 0$。记

$$S^+ = \{x_0, x_1, \cdots, x_n\} \tag{2.8}$$

$$S^- = \{x_{-m}, x_{-m+1}, \cdots, x_{-1}, x_0\} \tag{2.9}$$

则有

$$S = S^+ \cup S^- \tag{2.10}$$

记样本空间为 Ω，且有

$$\Omega^+ = \{w \mid X(w) \geqslant 0\}, \quad \Omega^- = \{w \mid X(w) \leqslant 0\} \tag{2.11}$$

显然有

$$\Omega = \Omega^+ \cup \Omega^- \tag{2.12}$$

以下记

$$I^+ = \{0, 1, 2, \cdots, n\}, \quad I^- = \{-m, -m+1, \cdots, -1, 0\} \tag{2.13}$$

则有

$$I = I^+ \cup I^- \tag{2.14}$$

定义 Ω 上的随机事件

$$A_i = \{w \in \Omega \mid X(w) = x_i\}, \quad i \in I \tag{2.15}$$

根据取值空间 S 的划分，前景 f 可被分为两部分，一部分对应于收益，另一部分对应于损失。即

$$f^+ = (x_1, p_1; \cdots; x_n, p_n) \tag{2.16}$$

$$f^- = (x_{-m}, p_{-m}; \cdots; x_{-1}, p_{-1}) \tag{2.17}$$

累积前景理论模型的基本思想是：f^+ 和 f^- 可以具有不同的价值函数和决策权重函数。而在前景理论中，对于收益和损失的决策权重函数都是相同的。

（1）价值函数。

按照累积前景理论，结果 x 的价值可用价值函数 $v(x)$ 计算。围绕参考点，价值函数 $v(x)$ 被分成两段，一段对应于收益，另一端对应于损失。

阿莫斯·特韦尔斯基和丹尼尔·卡尼曼[27]提出了如下的价值函数的典型形式：

$$v(x) = \begin{cases} x^{\alpha}, & x \geq 0 \\ -\lambda(-x)^{\beta}, & x < 0 \end{cases} \quad \alpha、\beta > 0 \quad (2.18)$$

其中，x 表示最终状态与参考点的偏离；参数 α、β 分别表示收益和损失区域价值幂函数的凹凸程度，α、$\beta < 1$ 表示敏感性递减；λ 系数用来表示损失区域比收益区域更陡的特征，$\lambda > 1$ 表示损失厌恶。阿莫斯·特韦尔斯基和丹尼尔·卡尼曼[27]通过实验对一组被试对象进行测试后，拟合得到的参数值为，$\alpha = \beta = 0.88$；$\lambda = 2.25$。

（2）决策权重函数。

定义 2.1 定义容度（capacity）为样本空间 Ω 上的实函数，用 $W(\cdot)$ 表示，且满足：

①$W(\varnothing) = 0$，$W(\Omega) = 1$

②$W(A) \geq W(B)$，$\forall A$，B，$A \Leftrightarrow B$

根据这一定义，概率可视为一种容度。

设 W^+ 和 W^- 是 Ω 上的两个容度函数。

结果 x_i 的决策权重定义为以下决策权重函数 π。

$$\pi(x) = \pi_i = \begin{cases} \pi_i^-, & i \leq 0 \\ \pi_i^+, & i \geq 0 \end{cases} \quad (2.19)$$

$$\pi_{-m}^- = W^-(A_{-m}) \quad (2.20)$$

$$\pi_i^- = W^- (\bigcup_{j=-m}^{i} A_j) - W^- (\bigcup_{j=-m}^{i-1} A_j), \ i \in I^- \setminus \{ -m \} \qquad (2.21)$$

$$\pi_n^+ = W^+ (A_n) \qquad (2.22)$$

$$\pi_i^+ = W^+ (\bigcup_{j=i}^{n} A_j) - W^+ (\bigcup_{j=i+1}^{n} A_j), \ i \in I^+ \setminus \{ n \} \qquad (2.23)$$

显然 π^+ 对应于 Ω^+，π^- 对应于 Ω^-。π_i^+ 表示相对于容度 W^+，"不劣于 x_i" 的结果的容度与 "严格优于 x_i" 的结果的容度之差。π_i^- 表示相对于容度 W^-，"不优于 x_i" 的结果的容度与 "严格劣于 x_i" 的结果的容度之差。

综上所述，π_i 可理解为 x_i 所代表的随机事件对于相应的容度的边际贡献。

对于 Ω 上的子集 A，若 $A = \bigcup_{i \in J \subset I} A_i$，则定义容度 W^+、W^- 如下：

$$W^+ (A) \triangleq W^+ (A \cap \Omega^+) \triangleq w^+ (\sum_{i \in I^+ \cap J} P(A_i)) \qquad (2.24)$$

$$W^- (A) \triangleq W^- (A \cap \Omega^-) \triangleq w^- (\sum_{i \in I^- \cap J} P(A_i)) \qquad (2.25)$$

其中 w^+，w^- 为 $[0, 1]$ 上严格增的实函数，且满足以下条件：$w^+(0) = w^-(0) = 0$，$w^+(1) = w^-(1) = 1$。

由式（2.20）至式（2.23）有

$$\pi_{-m}^- = w^- (p_{-m}) \qquad (2.26)$$

$$\pi_i^- = w^- (p_{-m} + \cdots + p_i) - w^- (p_{-m} + \cdots + p_{i-1}), \ -m+1 \leqslant i \leqslant 0 \qquad (2.27)$$

$$\pi_n^+ = w^+ (p_n) \qquad (2.28)$$

$$\pi_i^+ = w^+ (p_i + \cdots + p_n) - w^+ (p_{i+1} + \cdots + p_n), \ 0 \leqslant i \leqslant n-1 \qquad (2.29)$$

在累积前景理论中，决策权重不再是某个事件的概率的函数，而是针对决策结果的累积概率分布的函数。

函数 w 的典型形式如图 2.3 所示，呈现倒 S 形。

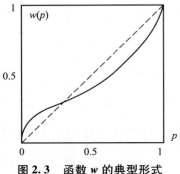

图 2.3 函数 w 的典型形式

阿莫斯·特韦尔斯基和丹尼尔·卡尼曼[27]提出如下公式：

$$w^+(p) = \frac{p^\gamma}{(p^\gamma + (1-p)^\gamma)^{1/\gamma}} \qquad (2.30)$$

$$w^-(p) = \frac{p^\delta}{(p^\delta + (1-p)^\delta)^{1/\delta}} \qquad (2.31)$$

其中，p 为概率，$w^+(p)$ 为收益时的权重函数，$w^-(p)$ 为损失时的权重函数。阿莫斯·特韦尔斯基和丹尼尔·卡尼曼[27]在一组实验中，经过测试拟合，得到的参数值为：$\gamma = 0.61$，$\delta = 0.69$。

（3）期望价值函数。

累积前景理论采用期望价值函数 $V(f)$ 评价一个前景的优劣。$V(f)$ 是结果的价值 $v(x)$ 与决策权重 π 的乘积之和。

决策准则是

$$V(f) > V(g) \Leftrightarrow f > g \qquad (2.32)$$

$V(f)$ 的计算公式为

$$V(f) = V(f^+) + V(f^-) \qquad (2.33)$$

其中

$$V(f^+) = \sum_{i=0}^{n} \pi_i^+ v(x_i) \qquad (2.34)$$

$$V(f^-) = \sum_{i=-m}^{0} \pi_i^- v(x_i) \qquad (2.35)$$

即

$$V(f) = \sum_{i=-m}^{n} \pi_i v(x_i) \qquad (2.36)$$

由上面这些公式可以看出，如果 $w^+ = w^-$，则 $V(f)$ 与前景理论的计算公式相同。因此，累积前景理论可看作前景理论的推广。本书在研究中将前景理论和累积前景理论统称为前景理论。

前景理论的贡献不仅仅在于运用认知心理学的知识探讨人类的内在动机，同时也丰富了经济学理论，更重要的是引领人们对自身实际行为的理解又走近一步，使得人们开始正视现实，人类的决策行为学研究也逐渐成为了相关研究领域的核心和主题。

2.3　参考依赖模型概述

近些年越来越多的经济学家将损失规避应用于各种经济问题的分析。为了研究损失规避的影响，阿莫斯·特韦尔斯基和丹尼尔·卡尼曼提出一个关于参考点的无差异曲线的变形理论，也就是消费者选择的参考依赖理论[12]（Reference – dependent Theory，RDT）。该理论的核心假定是损失或者不利条件对偏好的影响要大于在获益或有利条件下的影响，这样就考虑了损失规避对经济行为的影响。

参考依赖模型是为了研究无风险选择时的决策行为而提出的行为决策经典理论，它是前景理论中价值函数在多属性上的推广。参考依赖模型具有以下特征：

（1）参考依赖性：是指属性的价值不仅仅依赖于其绝对水平，相反地，属性价值更多地是依赖于该属性上基于参考水平形成的收益和损失的大小；

（2）损失规避：是指基于某一参考点的损失比相同程度的收益对决策者的影响更大，反映在价值函数上就表现为该函数在损失区间内比收益区间内更"陡"，即函数斜率的绝对值更大；

（3）敏感性递减：是指分别在收益和损失区间内，边际价值（相当于传统的边际效用）随着其远离参考点的距离而递减。

为了更好地说明在多个属性上决策行为的这三个特征，这里用图 2.4 做进一步说明。

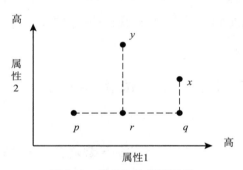

图 2.4　参考依赖模型说明

● 参考依赖性。如果消费者初始状态（参考状态或参考点）在图 2.4 中 r 点处，相对于该参考点，假定图 2.4 中的两个选择点 x 和 y 对消费者而言，它们的效用是等价的，记作 $U_r(x) = U_r(y)$（其中函数 $U_f(x)$ 表示相对于参考状态 f，某一选择 x 对消费者的效用）。传统经济学和规范的决策科学理论认为，消费者的任何选择与初始状态无关（仅与该选择的各属性绝对量有关），即如果有 $U_r(x) = U_r(y)$，则对于任意 f，都存在 $U_f(x) = U_f(y)$。而参考依赖模型则认为，某一个选择对决策者的效用与参考状态有关，对于图 2.4 中任意选择 x，相对于不同的初始参考状态 p，r，q，其效用是不一样的。即 $U_p(x)$，$U_r(x)$ 和 $U_q(x)$ 是不等价的，同理，对于选择 y，$U_p(y)$，$U_r(y)$ 和 $U_q(y)$ 也是不等价的。因此，$U_r(x) = U_r(y)$ 并不意味着对于任意 f，都存在 $U_f(x) = U_f(y)$。

● 损失规避。相对于选择 r，对于图 2.4 中符合期望效用理论效用等价的两个选择 x 和 y，假定有 $U_r(x) = U_r(y)$，即 y 相对于 r 在属性 2 的提升产生的效用，等价于 x 相对于 r 在属性 1 的提升以及属性 2 的提升的共同效用。那么，如果初始状态由 r 改为 q，此时，y 相对于 q 而言，属性 2 有一定的提升，而属性 1 有一定下降（损失）。而 x 相对 q 而言，存在属性 2 的提升，并且在属性 1 上没有下降。由于有损失规避的行为特征，因此相对于参考点 q 而言，y 对决策者的效用要小于 x 的效用，即 $U_q(x) > U_q(y)$。同理，有 $U_p(x) < U_p(y)$。

● 敏感性递减。它类似于传统效用函数的边际效用递减，二者之间的区别在于，价值（效用）函数的敏感性递减是区分为收益和损失两个范围内，随着自变量的增大而递减。而传统的边际效用递减是随着属性绝对值（不区分收益和损失）的增大而递减。

在参考依赖模型中，阿莫斯·特韦尔斯基和丹尼尔·卡尼曼提出了"固定损失规避效应（Constant Loss Aversion）"的概念，他们还给出了基于参考点且满足固定损失规避条件的效用函数

$$U_r(x_1, x_2) = U(R_1(x_1), R_2(x_2)) \tag{2.37}$$

其中

$$R_i(x_i) = \begin{cases} \mu_i(x_i) - \mu_i(r_i) & x_i \geqslant r_i \\ \lambda_i(\mu_i(x_i) - \mu_i(r_i)) & x_i < r_i \end{cases} \quad \lambda > 1 \tag{2.38}$$

符合式（2.37）的消费者选择无差异曲线可以由图 2.5 表示。

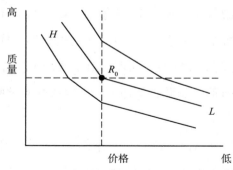

图 2.5　基于参考点的多属性无差异曲线

图 2.5 描述了两个属性（价格和质量），以 R_0 为参考点的一簇消费者无差异曲线。以通过 R_0 的一条折线为例，由于参考点的作用，R_0 两端的直线斜率不同（R_0H 的斜率绝对值大于 R_0L 的斜率绝对值）。

2.4　相关研究现状

2.4.1　有限理性的理论研究现状

国外在有限理性对完全理性的挑战中有三个主流的派别，他们分别从不同的角度对完全理性提出了挑战：第一个是以赫伯特·西蒙为代表的管理决策学派；第二个是新制度经济学派，最后一个是以丹尼尔·卡尼曼和阿莫斯·特韦尔斯基为代表的行为经济学派。

（1）管理决策学派的有限理性。

作为该学派的代表人物，赫伯特·西蒙[28]认为传统经济学忽视了人是在特定的条件限制中开展选择行为的，以效益最大化为目标的理性选择理论夸大了人的理性选择能力。赫伯特·西蒙所说的有限理性主要是考虑限制决策者决策信息获取以及信息处理能力的约束，主要体现在三个方面：一是不完全信息或知识的不完备性；二是处理信息的成本；三是一些非传统的决策者目标函数或经验决策。

（2）新制度经济学对有限理性的研究。

新制度经济学派对完全理性也是持批判态度的，他们认为人是有限理性的。以罗纳德·哈里·科斯（Ronald Harry Coase）、奥利弗·伊顿·威廉姆森（Oliver Eaton Williamson）、道格拉斯·塞西尔·诺斯（Douglass Cecil North）及张五常为代表的新制度经济学家[29]从信息成本和交易费用的角度解释有限理性。

（3）行为经济学与有限理性。

行为经济学的代表人物有丹尼尔·卡尼曼、阿莫斯·特韦尔斯基、马修·雷宾（Matthew Rabin）和理查德·塞勒（Rrichard Thaler）等[25]。行为经济学派没有直接定义有限理性的概念，不过他们却用实验确确实实地验证了人的理性不是完全的，而是有限的。

国内学者对有限理性的研究多数是赫伯特·西蒙有限理性观点的运用。何大安[30]认为人是有限理性的，并提出了"有限理性的实现程度"这个概念，并把有限理性划分为潜在有限理性、即时有限理性和实际有限理性三种状态。另外，何大安[31~33]对个体选择行为的有限理性进行了理论与实证性的研究，提出了理性选择与非理性选择可以相互转化的观点。并对主流经济学、实验经济学与行为经济学有关个体选择的理论承接性方面进行了梳理，对不同领域中关于个体选择理论的整合进行了探索性的研究。汪丁丁[16]提出理性是有限度的理性，不自由的，受到每个人的历史存在的视界制约的理性。卿志琼[34]认为人是有限理性的，不过这种有限理性是基于人的心智模式的，并提出了心智成本的概念。张茉楠[35]提出了适应性理性的概念，认为适应性理性的本质仍是有限理性。

2.4.2　前景理论的理论研究现状

自从前景理论提出以来，不少学者对其进行了深入的研究。研究者希望运用前景理论的效用度量框架开展定量研究，为此对前景理论中的参考点、决策权重函数和价值函数三个部分给予了极大关注。下面分别针对这三个部分的理论研究现状进行综述。

（1）参考点。

从行为科学的角度，参考点的取值是人们主观心理状态的一种反应，其具体数值的获得无法通过理论推演得到，而须建立在人们的行为分析和实证调研的基础上。在现有文献中，还没有人提出有理论依据的参考点的选取方法，有很多学者在研究中通过数据的拟合来确定一个最可能的参考点。

已有的文献分别从以下三个视角对参考点进行了研究：

①参考点分为外生的和内生的。

现有的绝大部分研究都是假设参考点是事先确定的，即参考点外生。现有文献提到的决策者在价值判断过程中所能够用于作为参考点的要素包括：前景的当前状态[36]、规范性标准和渴望前景达到的水平[37]、他人的当前水平[38]、其他方案的预期水平[39]、确定性前景[40]、过去水平[41]、买入价格[42]、首次购买的产品[43]及上次选择的品牌[44]等。

近年来，外生参考点的假设受到越来越多行为经济学家的批判。研究者在强调参考点的内生性的同时，也根据具体研究对象的特征提出一些确定内生参考点的方法[45~48]。内生参考点，即人们对于参考点的选择，依赖于当前的决策情景，参考点的取值会随着决策情景的变化而变化。

②参考点分为一个和多个。

决策者在进行决策时可以根据决策环境和问题的不同选择其一。但是，这只限于决策者所掌握的信息较少的情形。现实世界中的决策问题往往并不这么简单，更多的情形是决策者在决策时需要同时考虑多个参考点[41~42,49]。

例如，在制定发展战略规划时，决策者对于参考点的选择可能就需要同时兼顾组织内部、外部及时间三个维度中的多个方面[50~51]。当决策者同时考虑多个参考点时，他们或每次独立考虑一个参考点进行一次评价并在此所有评价的基础上给出最终的决策结论，或将多个参考点先合成为一个参考点，然后基于该参考点直接做出最终决策[52~53]。

事实上，在真实的决策环境中，决策者使用合成模式是符合处理多参考点并存情况下人的实际行为偏好的。拉塞尔·维纳（Russell Winer）[54]研究发现消费者在考虑某一品牌商品价格的高低时，就是把自己经验中所保有的各个品牌的价格水平经过一个潜在的处理过程形成了一个参考水平。

③参考点分为静态的和动态的。

埃雷尔·阿维内里（Erel Avineri）等[55~56]先后提出通过问卷调研获得出行者的平均经验出行时间或者出行者的理想出行时间作为参考点时间的方法，该方法可用于确定简单网络和较少路径情形下的静态参考点的取值。

同时有研究表明参考点的取值受决策情景和个体特征的影响，人们会根据决策情景的变化快速调整参考点的取值[57]。鲍曼（Bowman）等[58]借鉴有关消费习惯形成方面的研究，设定消费参考点移动

的模式为 $r_2 = (1-\alpha)r_1 + \alpha c_1$，其中 $\alpha \in [0,1]$，r_1 为第一期的消费参考点，r_2 为第二期的参考点，c_1 为第一期的消费，α 代表消费对参考点移动的影响，如果 α 等于0，则第一期的消费对第二期的参考点没有影响，如果 α 等于1，第二期的参考点完全由第一期的消费决定。恩里科·德·乔奇（Enrico De Giorgi）等[59]研究了考虑随机的、状态依赖的动态参考点的偏好依赖选择模型。马内尔·鲍希尔（Manel Baucells）等[60]研究了随机动态参考点的形成及更新等问题。

随着丹尼尔·卡尼曼教授因"将来自心理研究领域的综合洞察力应用在了经济学中，尤其是在不确定情况下的人为判断和决策方面做出了突出贡献"而获得了2002年诺贝尔经济学奖，国内也兴起了该领域的研究热潮。如《心理科学进展》杂志就在2003年第3期开辟专栏对基于参考点的问题（如框架效应、禀赋效应、损失规避等现象）进行了深入探讨。

（2）权重函数。

现有研究所提出的概率权重函数分为参数型和非参数型两种。

①参数型权重函数。

参数型方法的模型都是学者们基于特定的实验得出的，模型之间的优劣性难以比较。丹尼尔·卡尼曼和阿莫斯·特韦尔斯基在提出前景理论时给出了一种含有一个参数的权重函数，如式（2.31）~式（2.32）所示。

参数型概率权重确定方法的原理为：通过由决策者对前景的确定性等价值（Certainty Equivalence，CE）进行判断来获取决策者的价值偏好信息，随后利用这些CE值对事先假定的概率权重函数基于最大似然度估计、交互式最小二乘法等统计方法进行拟合，当函数式通过检验时即认为该式可以用于计算决策者的概率权重[61~67]。

继丹尼尔·卡尼曼和阿莫斯·特韦尔斯基之后，学者们又开展了不少的研究并给出了多种概率权重函数形式。可是，学术界时至今日对于基于哪种形式计算出来的概率权重更能反映决策者的价值偏好行为各执己见，存在着严重的冲突和矛盾。

乔治·吴（George Wu）和理查德·冈萨雷斯（Richard Gonzalez）[68]对概率权重函数的形状进行了深入研究，构造了一种含有两个参数的权重函数：$w(p) = \dfrac{\delta p^{\gamma}}{\delta p^{\gamma} + (1-p)^{\gamma}}$。德雷真·普雷莱茨（Drazen Prelec）[69]提出了两种权重函数形式，一种含有一个参数：$w(p) = \exp[-(-\ln p)^{\alpha}]$，另外一种含有两个参数：$w(p) = \exp[-\beta(-\ln p)^{\alpha}]$。

阿里·诺瓦希（Ali al - Nowaihi）等[70]简单分析了德雷真·普雷莱茨的概率权重函数的由来。迈克尔·奇尔卡（Michael Kilka）等[71]扩展了两阶段方法，该方法的概率加权函数取决于不确定的类型。周维等[72]在两阶段方法基础上，提出三步骤权重处理框架，对不同风险不确定决策源类型做不同的处理，并对"获得"和"损失"采用不同的处理方式，从而使得决策者能够得到更加准确的决策权重。彼德·韦克尔（Peter Wakker）[73]认为摩西·利维（Moshe levy）[74]犯了一个严重的错误：没有考虑权重函数的影响（高估极端产出而低估中间产出）。彼德·韦克尔用具体的权重函数进行计算和分析并得出结论：实验数据和前景理论吻合得非常好。

然而，真实的概率权重函数形式在很大程度上存在着与假定的函数形式不相符合的可能，当这种可能发生时由此类假设函数所得到的概率权重必然会歪曲决策者的本意。另外，如果函数式不能通过统计检验，那么参数法就会宣告无效，概率权重将无从求得。可见，参数型概率权重确定方法存在着难以假设出与决策者的价值偏好行为吻合程度较高的概率权重函数形式和可能面临着失效两个无法解决的问题。

②非参数型权重函数。

正是因为参数型概率权重确定方法先天具有这两个缺陷，非参数型概率权重确定方法应运而生。非参数型概率权重确定方法的原理是：首先，由决策者根据前景价值等价关系给出与已有前景价值相等的缺少一个概率（结果）对应结果（概率）的前景中的结果（概率），然后应用权衡方法（Trade - off）计算出概率权重。

非参数型概率权重确定方法没有参数型的先天性缺陷，但是非参数型概率权重确定方法是直接使用决策者所给出的判断信息来确定概率权重的，不仅没有考虑到决策者的判断信息中可能存在的误差及其大小，而且这种在对前面的概率权重计算中所存在的误差会在对后续概率权重的确定中传递下去。尽管如此，非参数型概率权重确定方法不必事先假设函数形式这一特点在对事先并不知晓决策者价值偏好行为的一般情形条件下确定概率权重具有十足的优势。

理查德·冈萨雷斯等[75]提出了一个在个人水平下估计概率、权重函数和价值函数的非参数估计过程。穆罕默德·阿布德拉乌伊（Mohammed Abdellaoui）[76]提出了一个连续地引出价值函数和决策权重函数的两阶段方法，这种方法的创新之处在于它是无参数的，因此是在没有任何限制的前提下得出的个人偏好函数。汉·布莱希罗德（Han Bleichrodt）等[77]提出了一种新的两阶段引出价值函数和权重函数的方法，这个方法在很多方面都得到改进。汉·布莱希罗德等提出的非参数方法的有效性尽管也没有得到证明，但是在理论上要略胜其他非参数型方法一筹。

（3）价值函数。

与概率权重函数的种类划分相类似，价值函数也有参数型和非参数型两种。

①参数型价值函数。

参数型价值函数确定方法与参数型概率权重确定方法的技术特征相类似，因此，同样具有假设的价值函数形式很难与决策者的真实价值行为特征相符合以及存在失效可能两个内在缺陷。而对于哪个价值函数形式更能代表决策者的价值偏好也存在着纷争[78~81]。

海姆·利维（Haim leiy）等[82]采用前景随机占优准则检验带有混合结果和无确定影响的假设的前景理论 S 形价值函数。阿里·诺瓦希等[83]表明了同质的偏好对于在收益域和损失域的幂相同的幂价值函数是必须的。霍斯特·赞克（Horst Zank）[84]证明了连续绝对的风险厌恶中隐含了线性、指数和幂价值函数，而多属性情况下，价值独立引出了多线性的价值函数。彼德·韦克尔等[85]给出了一种带有幂价值函数的前景理论的简单偏好依据。

②非参数型价值函数。

相比之下，非参数型价值函数确定方法就克服了参数型的上述缺陷。然而，现有的非参数型价值函数确定方法都是直接使用决策者给出的判断数据来估算结果价值的。事实上，决策者给出的判断数据中一般而言或多或少地会存在一些误差较大的判断信息。考虑到非参数型价值函数确定方法的技术特点是基于 CE 值和权衡方法来估计结果价值序列的，这样一来，正如穆罕默德·阿布德拉乌伊[76]研究发现，序列中先估计出来的结果价值误差就会在对后续的结果价值估计中传递下去。

综上所述，现有确定概率权重和价值函数的参数型方法和非参数型方法都存在着技术上的缺陷。然而，相对于参数型方法而言，非参数型方法对概率权重和价值函数的确定具有明显的技术优势，即不必事先假设用于表示决策者价值行为偏好的概率权重函数和价值函数形式。

2.4.3　前景理论的应用研究现状

由于前景理论成功地解释了包括"阿莱悖论"在内的很多无法被传统效用理论所解释的社会、经济现象，引起了不同领域研究者的广泛关注，已经开展了大量的应用研究。一方面，有学者将前景理论框架与所在领域的研究对象相结合提出了一些新的观点，或者对本领域的研究现象进行了解释。另一方面，有学者将前景理论与所在领域的研究问题结合起来，探讨适用于分析本领域问题的具体函数及参数形式[86]。

前景理论应用的领域很多，具体包括交通、金融、税收、消费等其他领域。

（1）交通领域。

近年来，交通领域的研究者对前景理论给予了极大的关注，相关的研究包括应用前景理论研究出行路径的选择、出发时间的选择和交通网络均衡等问题。

①出行路径的选择研究。

在交通行为分析方面研究最多的是路线选择。国外的研究中，康斯坦丁诺斯·凯希科普罗斯（Konstantinos Katsikopoulos）等[87]发现在路径选择的实验中，出行者对于风险的态度与前景理论吻合度较高。埃雷尔·阿维内里等[88]研究发现基于前景理论的出行者路径选择模型可以很好地解释实验数据中不符合传统期望效用理论的矛盾。埃雷尔·阿维内里等[89]又以前景理论为基础建模，对出行者在不明确前景下的决策行为进行了解释。在文献［88］［89］的基础上，埃雷尔·阿维内里[90]设立了一个包含两条出行路径的路网，每条路径的实际出行效用服从有限的离散随机分布，并以前景理论为基础建立了出行者路径选择模型。高尚（Song Gao）等[91]建立了基于前景理论的出行策略选择模型，通过对实验数据的分析，证明了基于前景理论的出行者出行策略选择模型与非适应性的选择模型相比有巨大的优势。

　　我国在交通运输领域对前景理论的研究和应用起步比较晚。赵凛等[92]建立了基于期望效用理论和前景理论的出行者路径选择模型，并通过理论推算、实证调查和仿真分析三方面进行对比分析。在文献 [92] 的工作基础上，赵凛等[93]又在前景理论的框架下对一天内单次出行的路径选择行为进行了理论建模，最后以具有两条平行路径的简单路网为例，对比了基于前景理论与基于期望效用理论的路径选择模型。徐红利等[94~95]在前景理论的框架下对一天内单次出行的路径选择行为进行理论建模，确定出行者的主观感知费用函数，并定义出行过程中的参考点，给出前景值的计算方法。王任映[96]改进了前景理论参考点的确定方法，建立了以改进的出行预算时间为变量的价值函数，通过一个算例说明了改进的前景理论框架下的路径选择模型更能准确描述出行者的实际出行行为。闫乃帅等[97]在假设出行者出发前已知各路径的出行时间概率分布的前提下，建立了基于前景理论的风险路网环境下出行者路径选择决策模型。刘玉印等[98]以前景理论为基础，在路径出行效用连续随机分布的条件下对出行者的感知效用建模，并结合模型的变量对模型的特性进行了分析。杨志勇等[99]在前景理论的基本框架下，研究实时交通信息影响下的路径选择问题，分析了出行者的路径选择决策过程。王健等[100]针对以往的研究中考虑因素单一、模型实用性不强这一问题，运用前景理论建立了一个更为贴合实际的出行者路径选择行为模型。

　　②出发时间的选择研究。

　　国外学者梅廷·森波拉（Metin Senbil）等[101]、藤井智（Satoshi

Fujii）等[102]、周荣昌（Rong－Chang Jou）等[103]以前景理论为基础建立了出行者出发时间选择模型，并利用实际出行环境中的调查数据对模型的科学性进行了验证。

国内，杨志勇等[104]基于前景理论，以实时交通信息影响下的日常上班出行为研究对象，将到达目的地的时刻作为参考点，确定了价值函数，建立了出发时刻的选择模型。张波等[105]以早高峰工作出行为研究对象，基于前景理论建立了一个出发时间选择随机动态用户最优（SDUO）模型。

③交通网络均衡研究。

国外学者阿利斯泰尔·蒙罗（Alistair Munro）等[106]研究发现，对交通网络用户均衡的研究必须基于内生型的参考点，即参考点的选取必须基于路网的出行参数。埃雷尔·阿维内里[90]于2006年首先在随机网络的交通均衡分析中使用了前景理论。理查德·康纳斯（Richard Connors）等[107]以弹性交通需求和随机网络交通容量为条件，建立了基于前景理论的随机交通网络拥挤均衡模型。

国内，徐红利等[108]在建立基于前景理论的交通网络均衡模型时，提出了一种新的内生型参考点设定方法。徐红利等[109]又基于前景理论，将出行者的路径选择决策与网络的随机性相结合，建立了随机网络用户均衡的等价变分不等式模型，提出了求解模型的算法。张波等[110]为了使交通分配更符合出行者的实际行为特征，基于前景理论，给出了交通流连续分布状态下路径前景的连续函数表达式，建立了随机用户均衡模型。

④交通领域其他方面的研究。

国外学者埃雷尔·阿维内里[111]、提姆·施瓦恩（Tim Schwanen）

等[112]通过对出行者对公共交通系统中等待时间的反应和态度，以前景理论为基础，对公共交通的线路设计进行了研究。

国内，李晓伟等[113]在给出公交线网优化的目标函数和约束条件的基础上，考虑决策者风险态度对公交线网优化决策的影响，提出了一种基于前景理论的公交线网灰关联优化模型。罗清玉等[114]总结了现有出行方式选择模型的特点以及前景理论在出行行为分析中的应用，根据居民出行特点建立了基于前景函数的出行方式选择模型。张波等[115]为了更好地运用前景理论进行出行行为分析和建模，对前景理论在出行行为研究中的适用性进行了探讨。

（2）金融投资相关领域。

在国外，罗伯特·奥尔森（Robert Olsen）[116]通过实证研究表明投资经理的风险概念和投资偏好与前景理论的价值函数所隐含的意思是一致的。戴维·丁（David Ding）等[117]证明了前景理论是如何解释股票收益和分析者的预测行为的。托马斯·兰格（Thomas Langer）等[118]把短视损失厌恶的概念拓展到短视的前景理论并预言：对于一些具体的风险投资业务，短视不会减少反而会增加投资结果的吸引力。沈科（Chung – Hua Shen）等[119]基于前景理论研究了银行业的盈余管理问题。摩托罗·尤格（Motohiro Yogo）[120]和哈尔·阿克斯（Hal Arkes）等[42]对股票交易中参考点的存在性及其取值问题进行了研究。

国内，饶育蕾等[121]基于前景理论解释了国内外证券市场异象。李心丹[122]将前景理论引入行为金融理论中，从一个新的角度对行为金融学的理论脉络进行了梳理，并对其未来的发展方向进行了展望。阮青松等[123]着重阐述了前景理论在解释金融市场的一个重要异象——"股本溢价"方面取得的进展。董大勇等[124]在前景理论的权重函数的基础上，建立了收益率分布主观概率模型。张维等[125]借鉴行为金融理论中关于前景理论的研究成果，构造一类基于前景理论决策框架的投资者，并在此假设基础上推导出相应的资产价格均衡模型。张海峰等[126]基于随机占优理论，对我国证券市场进行经验分析，研究表明我国投资者整体上确实表现出前景理论的决策偏好特征。杨怀东等[127]从前景理论视角出发，并考虑风险厌恶的动态性，推导出了嵌入前景理论的动态风险厌恶套期保值比率计算公式。

（3）税收领域。

前景理论的参考点选择对于税收遵从研究是一个有重要意义的复杂问题，直接关系到前景理论在税收领域的应用[128]。米歇尔·伯纳斯科尼（Michele Bernasconi）等[129]将前景理论应用到逃税研究中。桑吉特·达姆（Sanjit Dhami）[130]的模型修正了权重函数，对纳税人在稽查与否下的所得进行了适当的表示，研究证明了与期望效用理论相比，前景理论提供了一个更加满意的方法去解释逃税问题。何红渠等[131]通过综合述评，将前景理论引入纳税申报决策的范畴，对纳税人的税收遵从行为进行分析，解释了期望效用理论下的纳税困惑。

（4）消费领域。

由于前景理论已被认定为一个具有普适性的可借鉴理论框架，因此很多针对消费行为的研究都通过情景模拟实验和学生样本对基于前景理论模型所推导出的结果进行验证[132~137]。苏珊娜·福格尔（Suzanne Fogel）等[138]通过实验研究了参考点对消费者选择的影响，他们选择同类而不同品牌的产品（如巧克力、啤酒等）作为实验对象，分析了不同质量产品在采取价格促销策略时对消费者选择的效果。

（5）其他领域。

国外，威廉·贝彻（William Boettcher）[139]利用前景理论研究国际关系。保罗·伯杰（Paul Berger）等[140]讨论了前景理论对以广告效应为基础的计划策略的影响。亚当·奥利弗（Adam Oliver）[141]通过研究检验了普通赌博的内部一致性是否能够通过在普通赌博评价过程中合并损失权重和概率转换参数来改进。艾伯特·凯尔（Albert Kyle）等[142]采用前景理论中的偏好一致性解决清偿问题。温特（Winter）等[143]将前景理论应用到生命终结决策中，讨论了人们目前的健康状况及其延长生命治疗的偏好。

　　国内，刘玉杰等[144]运用前景理论来解释保险业务，提出购买保险产品者在面临收益时是风险偏好的，在面临损失时是风险规避的观点。向钢华等[145]将前景理论与两阶段动态威慑模型结合，对基于前景理论的有限理性威慑模型与基于期望效用理论的理性威慑模型之间的差异进行了研究。刘玉等[146]运用前景理论对彩票消费者的行为进行系统的研究分析，深入探讨了影响体育彩票消费者行为的重要心理动因。李小莹[147]运用前景理论分析竞争对手对招标项目的偏好程度，进而采取措施提高自身的中标概率。蒋国萍等[148]针对投标报价决策受多种不确定风险因素的影响，提出了基于前景理论的最优报高率决策模型。张敏等[149]以前景理论为依托，对项目决策者在一个单活动项目中的计划行为进行了分析，并建立了决策前景值模型。杨建池等[150]研究发现在战场这种急剧复杂和动态的环境中，引入前景理论能够更好地模拟指挥员的决策。刘咏梅等[151]应用前景理论，针对需求不确定条件下零售商的订货行为，建立了新订货模型，并与传统订货模型做了实证比较分析。潘俊涛等[152]基于前景理论研究了有限理性前提下发电商的最优电量分配策略。姜艳萍等[153~154]为了解决新产品开发中考虑竞争产品方案评价信息的方案选择问题，提出了一种基于前景理论的决策分析方法。刘存[155]根据前景理论对企业监督博弈当中决策者的损失规避特性进行建模，重新构建了这一博弈并求得其均衡。周国华等[156]将前景理论引入演化博弈分析过程，构建了有别于传统收益矩阵的收益感知矩阵，并应用于工程施工安全管理行为研究。申红艳等[157]实例研究了在基于前景理论的移动商务价值链优化决策中，决策者面临收益或损失时的行为。李晓伟等[158]针对公路建设项目决策实施影响因素的灰色特征，设计了公路建设项目影响参数，提出了一种基于前景理论的公路建设项目灰关联排序模型。樊治平等[159]和刘洋等[160]针对应急方案对突发事件发展演变存在干预并可能导致不同的人员伤亡和财产损失的情形，提出了基于前景理论的应急响应风险决策方法。李如琦等[161]为了解决电力系统恢复过程中黑启动方案优选问题，提出了基于前景理论和灰色关联理想解法的黑启动方案优选模型。李如琦等[162]针对变压器状态维修决策中具有自然语言型评价信息的问题，提出了基于云理论和前景理论的变压器状态维修策略综合评价模型。姚增福等[163]基于前景理论和黑龙江省地方和垦区 460 户种粮大户实地调查数据，利用 Slogit 模型分析了种粮大户售粮方式行为选择的影响因素。汪金爱等[164]基于前景理论和公司行为理论，将商业风险、所有权集中度及 CEO 解职后的继任来源整合于同一框架。牛芳等[165]基于前景理论分析了坚持创业中的承诺升级，识别了可能的影响因素，并利用面向中国新生创业者的动态跟踪调查数据进行了实证检验。陈艳等[166]以前景理论为决策模型，以认知偏差为切入点，重点分析职务舞弊决策过程中，主观影响因素即认知偏差对舞弊决策模型的价值函数与权重函数的作用机理。张岩等[167]在前景理论的基础上，构建了以风险态度、风险认知和政府信赖为维度的政府信息供给机制分析框架。陈超等[168]以前景理论为视角，分析了农民在不确定条件下的决策过程。

国内还有部分学者基于前景理论改进了传统的决策方法，王正新等[169]考虑了决策者风险态度对多指标决策的影响，提出一种基于前景理论的多指标灰关联决策方法。王坚强等[170]针对概率和准则值均为区间灰数，准则权系数不完全确定的灰色随机多准则决策问题，提出了一种基于前景理论的决策方法。张晓等[171]针对属性值为随机变量的随机多属性决策问题，提出了一种基于前景随机占优准则的随机多属性决策方法。刘培德[172]针对区间概率条件下属性值为不确定语言变量的风险型多属性决策问题，提出了一种基于前景理论的决策方法。马健等[173]针对依据期望效用理论的风险型多属性决策方法未考虑决策者实际决策时的不理性，提出基于风险—效益比和前景理论的风险性多属性决策方法。樊治平等[174~175]针对考虑决策者心理行为的区间数多属性决策问题和带有决策者期望的混合型多属性决策问题，分别提出了基于前景理论的决策分析方法。张晓等[176~177]针对带有决策者期望且概率和属性值均为区间数的风险型多属性决策问题和考虑决策者给出期望信息的风险型混合多属性决策问题，分别提出了基于前景理论的决策分析方法。胡军华等[178]针对准则权重完全未知、准则值为离散型随机变量的动态随机多准则决策问题，提出了一种基于前景理论和集对分析的决策方法。李鹏等[179]针对指标权重未知、方案的指标值为直觉模糊数的随机直觉模糊决策问题，提出一种基于前景理论和新的记分函数的随机决策方法。刘勇等[180]鉴于决策者风险态度对多目标决策的影响，提出一种基于前景理论的多目标灰色局势决策方法。李庆胜等[181]为提高基于前景理论逼近理想解排序法（TOPSIS）决策方法的可靠性和稳定性以及防止逆序的产生，在前景理论的思想框架基础上，提出了一种折衷排序方法（VIKOR）决策新方法。

2.4.4　参考依赖模型的应用研究现状

长期以来，决策论的研究者也习惯性认为结果的绝对值是人们界定事件损失与获得以及评价方案优劣的指标。前景理论在充分考虑人的有限理性、重视人的行为的客观存在性的基础上，发现人在决策过程中存在参考依赖。

国外的研究中，布鲁斯·哈迪（Bruce Hardie）等[44]利用损失规避分析了消费者的品牌选择行为，通过提出一个参考依赖的多项选择模型，并以面板数据进行估计，从模型的估计结果来看，要比非参考依赖的模型拟合效果好。詹姆斯·安德森（James Anderson）等[182]完成了在采购人员中有关参考点的选择行为实验，该实验的指导理论是参考依赖模型，其研究结果表明，对于价格和价值等价的交易，采购者选择也并非无差异，而是显著受到参考依赖的影响。艾伦·贝格斯（Alan Beggs）等[183]在艺术品拍卖分析中考虑了参考依赖。乔尔·休伯（Joel Huber）[184]将参考依赖引入到水质评估问题中。亨利·法伯（Henry Farber）[185]在分析劳动力供求问题时考虑了参考依赖偏好，并以纽约出租车司机为例进行了实证分析。胡安·尼古劳（Juan Nico-lau）[186]验证了西班牙旅游定价存在着参考依赖。泰克华·霍（Teck-Hua Ho）等[187]在报童问题中引入参考依赖，并与传统的库存模型进行比较。周继东（Jidong Zhou）[188]在研究市场竞争中考虑了消费者的参考依赖问题。穆罕默德·阿萨诺·哈比卜（Muhammad Ahsanaul Habib）等[189]研究了基于参考依赖模型的居住地点选择问题，应用混合 logit 模型进行预测消费者的选择概率。

国内，李荣喜等[190]借鉴了前景理论和参考依赖模型的有关结论，从参考效应出发，建立了以企业利润为最大化的模型，并比较了传统的"需求——利润"模型。李荣喜[191]还建立了基于参考依赖的消费者需求和产品定价模型，探讨了价格参考效应对企业产品定价的影响。范文博等[192]为研究旅行时间不确定环境下出行者动态调节日常路径选择的行为特征，基于参考依赖行为理论建立了随机路网用户日常路径选择行为模型。洪炳宏等[193]利用公平偏好和参考依赖理论，对传统的渠道协调模型中完全理性与完美预见性假设进行修正，将柔性因素合理的引入模型中。

2.5　电信行业的研究现状

2.5.1　中国电信行业发展历程

随着世界通信技术的高速发展与中国改革开放的持续深入，中国电信行业也实现了巨大的腾飞。回顾中国电信业的发展，从 1949 年至今，经历了两大阶段。

第一大阶段是 1949～1978 年，属于中国通信业发展的探索阶段，实现了通信能力的从无到有，保持了低水平的发展。

第二大阶段是 1978～2008 年，属于通信业高速发展阶段。其中，1978～1988 年，通信企业经历了拨乱反正、转变观念、逐步对外开放和争取发展政策等重要发展过程。1988～1998 年为通信大发展期，主要表现为利用国家提供初装费政策和利用外资加速折旧，解决了资金问题，实现了通信建设的飞跃。1998～2003 年是发展与全面改革的五年，邮电分营、政企分开、移动独立、电信重组，改革力度之大，世界罕见。2003～2007 年是通信业继续发展的阶段，电信运营商纷纷转型，由通信转向信息应用，领域在拓宽，竞争日趋激烈。2008 年 5 月 24 日，工业和信息化部、国家发改委和财政部联合发布《三部委关于深化电信体制改革的通告》，宣告新一轮电信重组拉开序幕。以发展第三代移动通信为契机，合理配置现有电信网络资源，实现全业务经营。此轮改革过后，中国电信行业内留下了三家"拥有全国性网络资源、实力与规模相对接近、具有全业务经营能力和较强竞争力"的运营商，即中国移动、中国联通和中国电信。中国电信行业也全面进入了以 3G 移动通信和光宽带发展为核心的运营商全业务运营时代。图 2.6 描述了 1998 年以来中国电信市场的发展历程。

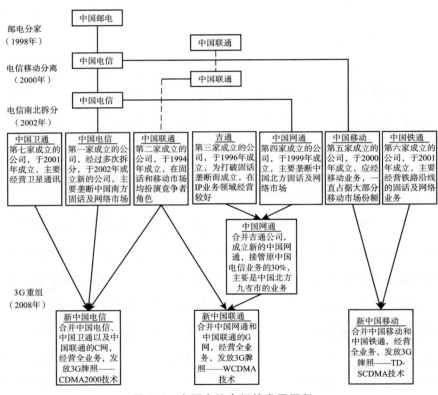

图 2.6 中国电信市场的发展历程

资料来源：陈芳. 寡头垄断电信市场价格博弈模型及其复杂性研究. 天津大学，2008。

2.5.2　电信套餐概述

2.5.2.1　电信套餐含义

电信套餐是一种电信产品，是运营商为了刺激消费者的消费欲望，对消费者资费的优惠政策。现在市场观念认为，产品是指购买者通过交换活动而获得的需求和满足，它是一个整体的概念。如果说产品仅指实体的或物质的产品，这是对产品的一个狭义的理解。电信产品虽不具有实物形式，只是传递信息，是一种服务，但电信产品的存在是客观的。只是电信产品具有其特殊性，电信行业属于服务业，所提供的产品和制造业提供的产品有很大的区别，例如，产品的物理性质，电信业产品不具有实物形态，而制造业产品则是有形的、可触的、耐久的；电信业产品的消费与生产过程同时发生，而制造业产品则往往是生产出来后，被消费者购买然后消费。

在众多的电信产品中，资费套餐是最重要的一种产品形式。随着电信行业竞争的加剧，电信市场的竞争由单一的价格战转化为资费套餐的竞争。资费套餐业务是以电信业务为支撑，根据不同消费者的需求，组合通话月租费、免费通话时间以及增值服务等几个部分，制定出不同档次的资费服务，以获得更多的消费者，占领更大的市场份额的一种业务模式。

资费套餐很好地体现了组合定价理念，将基本通信服务设置为基本包，将其他新业务、增值业务设置为选购包，将运营商的业务优势和消费者的个性需求很好地结合。使用资费套餐，是由内部因素和外部因素一起决定的，可以说是通信企业发展到一定阶段必然的选择。

套餐的出现，改变了以往单一资费的简单营销模式，实现了业务捆绑优惠等灵活的促销手段。在中国，手机套餐率先出现，大概分为这么几个阶段：①2002 年之前，单一资费的无套餐时代；②2002～2004 年，套餐模式初步引入市场，出现了神州行、动感地带、如意通等品牌套餐；③2004～2009 年，套餐激烈竞争阶段，并出现小灵通加固话的移动固话融合套餐；④2009 年至今，各运营商梳理简化套餐稳定品牌阶段，融合套餐成为全业务运营商的主导套餐。

2.5.2.2 电信套餐特点

（1）套餐种类具有多样性。

单纯降价的手段只针对价格，所以其种类是单一的，而套餐通过将通话时间、增值服务、月租费、短信、彩信、彩铃、手机上网、手机邮箱等组合，为消费者提供了如接听免费、免费手机套餐绑定、赠送话费等各种套餐服务。由于消费习惯、消费数量、价格承受力的差异，消费者存在不同层次的消费需求，运营商通过提供不同档次的资费套餐，为消费者提供不同口味的消费方案，从而提高消费者的满意度，比单纯降价更具适应性。

（2）提高了营销费用的利用率。

针对某一资费套餐进行品牌营造和市场推荐，对多种业务同时进行市场宣传和品牌塑造，能够从根本上提高营销费用利用的效率。比如中国移动推出的"动感地带"品牌，对移动语音、短信和移动多媒体业务进行了整体宣传。此外，使用同一品牌对多种业务进行营销，提高了广告宣传的整合能力，强化了品牌和广告影响的一致性。

（3）套餐具有价格竞争的隐蔽性。

由于资费套餐的结构比较复杂，对于竞争对手和消费者来说，要理解资费套餐都需要经过一个转换，从而相对单纯降价的价格竞争而言，显得不那么直接，是一种"曲线降价"。

（4）套餐的竞争模式相对不易模仿。

不同的运营商所提供的电信业务种类有很大的差别，其市场发展的目标和方向也存在较大的差异，这就决定了不同运营商的套餐可能存在较大的差异。为了最大限度地引导消费行为，实现利益最大化，套餐的设计要考虑运营商的消费者结构、财务状况、盈利目标等综合因素。

（5）套餐有利于争夺消费者。

消费者是电信运营商发展的基础，谁拥有更多的消费者，在一定程度上就等于占领更多的市场，获得更多的竞争主动。运营商根据消费者的需求推出个性化的资费套餐，吸引了各种群体的消费者。

（6）套餐优化了网络资源。

网络是电信运营商发展的支撑和基础，各运营商在基于 3G 过渡网络优化的同时，也要相应地发展业务，以充分利用网络资源，各运营商针对各种不同的业务推出了不同的资费套餐，捆绑各种增值服务，刺激了消费者的消费，增加了业务量的同时也优化了网络资源。

（7）资费套餐提高了运营商的效益。

资费套餐通过争夺消费者提高了业务量，通过优化资源配置提高了网络利用率，降低了运营成本，提高了网络规模效益，最终提升了运营商的经济效益。据分析，通过资费套餐中的捆绑服务能够为消费者减少 4% ~ 6% 的成本，运营商则可以增加 10% 的收入，实现消费者与运营商的双赢。

2G 业务的计费系统是基于固定的、统一的费率计算费用的；而到了 3G 时代，基于移动平台的内容服务将是运营商盈利的重点。为了实现基于内容的盈利，内容计费是必须的。基于内容的计费是指可通过对消费者的上下行数据包进行包内内容过滤和分析，以区分消费者上下行数据包中传送的内容种类，运营商需要通过这些内容计费信息对消费者做更灵活的计费处理。

　　套餐存在的合理性环境，必定是行业利润率接近社会平均利润率，简单降价空间不大且不太奏效的领域。在这个领域，市场运作的技巧和经验就显得非常重要。通过精心设计的资费套餐，运营商可以通过消费者自己的思考和选择，利用"物以类聚，人以群分"，从而最大限度地引导消费者的消费行为，使消费者和运营商双方都能够实现利益最大化。

2.5.2.3　电信套餐的相关因素分析

　　套餐（手机资费套餐）作为电信运营商的产品，想要了解其价值，必须要从多个方面去考察，这就要求找到与套餐相关联的因素。站在电信运营商的角度，可以将这些因素分为环境因素和自身因素两大类，如图 2.7 所示。

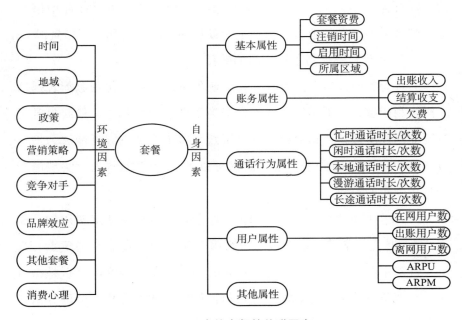

图 2.7　电信套餐的关联因素

（1）环境因素。

环境因素是指直接影响到套餐的表现，但并非套餐自身属性，其变化不受套餐影响的因素。环境因素的范围相当广泛，且易于变化，以下是对其中重要因素的总结和说明：

①时间。一个套餐在不同的时间段内的表现会有所不同。比如套餐业务使用量会受到节假日的影响，套餐销售量也会受到特定人群流动周期的影响，比如销售学生套餐最好是在 3 月和 9 月学生开学的时间，销售民工返乡套餐则要在 12 月和 1 月这段时间。

②地域。不同地方的经济发展水平、风土人情都有所不同，因此同一个套餐在不同地方的表现也会有所不同。

③政策。目前国家还没有对电信资费完全放开，因此套餐的推出必须考虑到是否与国家政策相抵触，比如"单向收费"问题。

④营销策略。其涵盖的范围较广，包括营销目的、营销手段、资金投入等多方面。不同的营销策略可能直接影响到某个套餐的表现。

⑤竞争对手。目前电信市场的竞争日趋激烈，各种各样的竞争手段层出不穷。一个套餐表现的好与坏已经不是一个静态的概念，为保证套餐的健康发展，运营商必须时刻提高警惕应对来自竞争对手的挑战。

⑥品牌效应。运营商在经营套餐时，除了宣传套餐的资费外，往往会为套餐赋予一些积极的意义，即所谓的品牌形象。一个好的品牌可以使消费者的忠诚度大幅提高，从而使运营商从中获益。比如中国移动的"全球通"，在某些情况下使用该品牌已经成为一种身份和地位的象征。

⑦其他套餐。消费者使用套餐具有排他性，因此套餐之间的互相影响也是必然的。而且不仅仅是竞争对手的套餐会影响到本运营商的套餐，本运营商的不同套餐之间也可能存在一定的冲突。

⑧消费心理。不同消费者的消费心理各不相同，社会的发展也会

影响到人们对所购买商品内在要求的变化。套餐作为电信运营商的主要产品，也难免受其影响。

（2）自身因素。

自身因素是指套餐本身所具有的一些属性。这些属性往往是客观的，容易量化的和比较的。套餐本身的这些属性在数量上相对较多，因此影响套餐的自身因素是相当繁杂的。为了研究的方便将它们分为如下几类：

①基本属性。基本属性是指用来描述套餐的自然状况的属性，这些属性通常没有所谓的高低好坏之分。如套餐 ID、套餐资费、所属地域、启用时间、注销时间等。

②账务属性。账务属性是指由套餐产生的各种费用总量的属性。如应收费、实收费、欠费、结算收入、结算支出等。

③业务量属性。业务量属性代表了套餐全体消费者对各类业务的总体使用情况。如通话时长/次数、忙时通话时长/次数、闲时通话时长/次数、本地通话时长/次数、长途通话时长/次数、漫游通话时长/次数、短信次数、数据业务流量等。

④消费者属性。将描述套餐用户量的属性以及反映套餐"户均"情况的属性统称为套餐的用户属性。前者包括在网用户数、出账用户数、离网用户数等；后者理论上可以包括账务属性和业务量属性中所有属性的户均值。

⑤其他属性。随着业务的不断发展，套餐可能会拥有越来越多的属性，对于不能归于上述类别的属性，可将其归入本属性。

2.5.2.4　电信套餐的形式

（1）电信套餐的基本结构。

套餐由三部分组成，基本套餐、可选优惠包与促销优惠。基本套餐用于满足目标消费者的共性需求，并在一定时期内保持稳定，基本套餐可能是单一套餐或组合套餐；可选优惠包用于满足消费者的个性化需求，往往采取费用优惠或是价格优惠的方式；促销优惠用于适应市场竞争需要，提高竞争力，目的主要是刺激套餐的销售，促销优惠往往是短期的消费者激励手段，通常包括终端优惠、预存优惠、免费试用等。

在市场经营中，套餐形式可以是以基本套餐为必要元素的以上三部分套餐的任意组合，如基本套餐、基本套餐＋可选优惠包、基本套餐＋促销优惠、基本套餐＋可选优惠包＋促销优惠。表2.1介绍了三种组成部分的内涵与目标。

表 2.1　　　　　　　　　　电信套餐的基本结构和形式[195]

	基本套餐	可选优惠包	促销优惠
内涵	是套餐的主体内容，规定了套餐所包括的核心产品/产品组合、消费额度及优惠幅度等	消费者可根据自己的需要灵活选择的优惠内容部分必选项需要以订购基本套餐为前提条件	对消费者新办理套餐业务给予优惠 可以作为基本套餐的促销优惠，不定期提供
示例	本地分档包月，X 元包Y 元闲时长途 X 元/分钟	亲情号码 集群网优惠 增值业务包	免一次性费用 增值业务优惠 预存话费送话费等
目的	满足主体消费者群核心需求	满足目标消费者群的个性化需求	增强基本套餐的吸引力，加速套餐推广

（2）电信套餐的主要形式。

随着电信产品的不断升级推新，电信运营商规模与市场运营范围逐渐扩大，电信资费套餐的种类也越来越多，主要有以下几种形式：

分档包月型，资费折扣型，单次封顶型，时段优惠型，亲情号码，集群优惠型和多打多送型；具体形式见表2.2。

表 2.2 　　　　　　　　　　电信套餐的主要形式[195]

	套餐的资费表现形式
分档包月型	如 X 元包打 Y 元/分钟，指分档提供的（保底）限量包月套餐优化；如 X 元包 Y 元/分钟/小时，超出部分单价 Z
资费折扣型	每月缴纳 X 元，某个业务资费打折或是直接执行优惠资费；如功能费 5 元，国内长途每分钟 0.2 元
单次封顶型	如（一定时长内的）单次通话 X 元封顶，指对特定通话实行按次计费的套餐优惠；如 IP 长途单次封顶套餐，60 分钟内的国内 IP 长途 2 元封顶
时段优惠型	如 M 点~N 点期间的通话执行特惠资费；指针对特定时段设计提供的通话资费优惠或包月；如夜间/节假日长话单价优惠至 0.2 元/分钟
亲情号码	如指定若干号码享受特惠资费；指针对消费者指定的有限数量的电话号码（亲情号码）提供的单价优惠或包月；但相关号码互打免费的情况一般不在此类，应归为"集群优惠"
集群优惠型	如网内通话 X 元全包；指针对多个消费者、多部终端组成的虚拟网内通话优惠的套餐；如军网集团、亲友网、校园网等
多打多送型	如打满 X 元，送 Y 元；套餐消费者只有达到所承诺的消费额度，就可以享受打折或赠送的优惠

2.5.3　电信消费者行为的研究现状

信息技术与电信市场推动电信行业实现了跨越式发展，带来了电信运营商与消费者地位的变化。消费者的购买行为从奢侈型购买向平民型购买转化，从单一型购买向多样型购买转化。在从垄断或寡头垄断市场向以市场为基础的系统转变过程中，电信消费者的购买行为越来越复杂，将陷入庞杂的多样化选择当中[196]。

我国电信业的快速发展受到了学术界与企业界的高度关注，关于电信消费者的行为研究主要分为两类：

一类是通过调查研究报告对电信消费行为进行实证研究。调查研究报告围绕着电信某项业务进行，既有通过市场问卷等方式进行的一手调研，也有通过分析二手数据预测业务发展趋势。市场细分是这类调研报告最常用的分析消费者行为的方法。各个调查研究在市场细分的基础上，对各个细分市场消费者的消费特征进行了对比分析，着重分析的是导致差异化消费特征的影响因素，从收入、职业、生活方式、地理位置等多方面展开。郭宇[197]通过对小灵通消费者的行为研究，对小灵通的发展提出建议。林琴[198]对计费系统岳阳市三个月的消费数据进行分析，运用联机分析处理和数据挖掘技术相结合共同分析电信消费者的消费行为，找出消费群体的特征以及相关规律，更好地辅助市场决策。王开钰[199]选取了国内某省电信运营商部分数据，实证了其提出的基于数据挖掘的移动通信消费者消费行为研究方法。

另一类是在现有消费者行为模型基础上，或对模型进行改进，或对我国消费者行为特征进行探讨。王林林[200]借助霍华德—谢思购买行为模式，分析了当前移动通信消费者消费行为特征，并从消费心理学角度探求了消费行为产生的深层次原因，揭示了消费者从单一消费心理向多样化消费心理的转变。孙玺等[201]分析了大学生群体的电信消费特征后提出了大学生消费行为的特点，然后逐一从大学生消费行为的需求产生、学习、动机、消费目标的确立、实现及购后行为各方面分析其类型或特点。王林林[202]通过构建消费者行为模型，分析了我国不同时期、不同地域，电信消费市场表现出不同的特点，以及影响电信消费者行为的不同因素。并且详细分析了高校和农村这两个典

63

型市场的消费者行为特征，以及提出相应的营销策略。刘耘[203]依据质量差距模型和满意度测评理论，从分析顾客感知服务质量的构成及决定因素入手，采用顾客行为预测的方法，构建了电信消费者的行为预测模型。

2.6　本　章　小　结

本章在查阅了大量文献的基础上，分别针对理性问题、前景理论、参考依赖模型以及电信行业的现状等问题进行了综述。首先对理性、前景理论及参考依赖模型的相关理论进行了详细介绍，为后续章节中所研究的问题奠定了理论基础。其次对以上理论的研究现状分别从理论研究和应用研究两个角度展开，为将这些理论应用到电信行业提供了借鉴作用。最后，本章还整理了电信行业的相关研究现状，以期为理论研究提供更好的应用环境。通过对上述内容的介绍为接下来的章节中对有限理性的电信套餐消费者选择行为的预测问题研究奠定了坚实的基础。

第 3 章

电信消费者选择套餐的行为特征分析

本章作为关键问题，是整个课题的重要研究基础，为后面关键问题的研究起到指引方向、奠定基础和提供实际依据的作用。本章首先对电信套餐消费者的选择行为进行了定性分析，介绍了消费者行为的相关理论，并对影响消费者选择电信套餐的因素进行分析。其次介绍了作者针对大学生套餐选择情况进行实证研究的主要工作，为后续的研究工作提供了实际的数据，并基于数据对电信套餐消费者的选择行为进行了定量分析。

本节在对电信行业的消费者选择套餐的行为进行定性分析前，首先介绍一下消费者行为的相关理论。

3.1 消费者行为相关理论

消费是人类社会永恒的主题，也是社会经济活动中最基本的经济活动。人类的消费行为是伴随人类的生产生活而来的，也是人类赖以生存和发展的社会活动和社会行为，是人类社会进步和发展的基本前提。

3.1.1 消费者行为相关含义

消费者行为领域涉及许多方面，其牵涉的层面包括营销学、社会学、心理学、经济学等领域。不同学术领域的学者，均以各学派研究重心为出发点提出相关论述。

（1）消费。

我国经济学界对消费[204]的最早定义是："人们为了满足生产和生活的需要而对物质资料的使用和消耗，包括生产消费和生活消费。"著名消费经济学家尹世杰[205]又将消费表述为："人们在物质资料和劳务的生产与生活中，对物质产品和劳动力的消耗过程，包括生产消费和生活消费。"现在人们普遍认为消费是人们在生产和生活中，对物质产品、精神产品、劳动力和劳务进行消费的过程[206]。由此可见消费的含义在不断拓展、延伸与完善。

（2）消费者。

消费者是指处于需要、购买、使用三过程中某一过程或全过程的人，即消费者是实际参与消费活动某一过程或全过程的人[207]。

（3）消费者行为。

消费者行为研究大约从 20 世纪五六十年代开始发展，早期以研究购买动机为主，到 60 年代后半期开始有比较完整的、系统的消费者行为模型产生。随后的消费者行为研究主要以购买决策过程及影响消费行为的主要因素为主，使消费者行为学趋于完整。在消费者行为发展的早期，通常指的是购买行为，即两个或两个以上的组织或个人相互提供和取得有价值的物品或服务的交换行为。但是广义的消费者购买行为注重的是整个消费过程，包括购买前、购买中和购买后的行为。

关于消费者行为的含义，研究者们对其所做的定义与解释并不完全相同，这体现了研究的不同角度与侧重点，所识别和考虑的影响消费者行为的关键因素以及基于此而提出的消费者行为分析模型、分析原则和方法也会有所不同。

杰夫·沃尔特斯（Jeff Walters）等[208]认为"消费者行为是人们在购买、使用产品或服务时，所涉及的行为决策"。威尔斯·威廉（Dwells William）等[209]将其定义为"消费者购买与使用产品的决策及行动"。菲利普·科特勒（Phlip Kotler）[210]认为消费者行为是具有目标导向性的，在满足其需要与欲望时，个人、群体与组织如何选择、购买，使用及处置商品、服务的理念或经验。美国市场营销学会（American Marketing Association，AMA）的定义[211]是：消费者行为是指"感知、认知、行为以及环境因素之间的动态互动过程，是人类履行生活中交换职能的行为基础"。金宝辉[212]认为消费者行为是指消费者受需求动机的影响而做出购买决定、修改购买方案、完成购买过程的行为。马翠华[207]认为消费者行为是一个过程，不单单是一个消费者支付金钱或使用信用卡而得到商品或服务时所发生的事情，而是包括在购买前、购买时和购买后影响消费者的所有问题。

3.1.2　消费者行为模式

（1）消费者行为的一般模式。

消费者行为模式是研究和分析消费者行为的系统及基本架构。有关消费者行为模式的理论有许多种，其中最简单也是最具共性的行为模式是消费者行为的一般模式[213]，如图 3.1 所示。

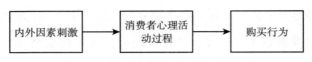

图 3.1 消费者购买行为的一般模式

消费者行为的一般模式表明，所有消费者行为都是因某种刺激而激发产生的。这种刺激既来自外界环境，也来自消费者内部的生理或心理因素。在各种刺激因素的作用下，消费者经过复杂的心理活动，产生购买动机。由于这一过程是在消费者内部自我完成的，因此，许多心理学家称之为"黑箱"或"暗箱"。在动机的驱动下，消费者进行购买决策，采取购买行动，并进行购买后评价，由此完成了一次完整的购买行为。实际上，消费者受到来自自身和外部环境诸多因素的影响。这些因素往往是多层面，多角度地交错在一起。如果要把所有的因素都考虑进去的话，模式图形就会相当复杂。

（2）几种典型的消费行为模式。

一些西方学者对消费者行为模式进行了深入的研究，并提出了许多试图理解和解释消费者行为的模式，其中比较著名的消费者行为模式有：尼科西亚模式（Nicosia Model）、恩格尔—科拉特—布莱克模式（Engel – Kollat – Blackwell Model）、霍华德—谢思模式（Howard – Sheth Model）和科特勒模式（Kotler Model）等[211]。

①尼科西亚模式。

弗朗西斯科·尼科西亚（Francesco Nicosia）[214]在 1966 年提出这一决策模式。该模式由四大部分组成：第一部分，从信息源到消费者态度，它包括企业和消费者两方面的态度；第二部分，消费者对商品进行调查和评价，并且形成购买动机的输出；第三部分，消费者采取有效的决策行动；第四部分，行动的结果被消费者的大脑记忆贮存起来，供以后参考或反馈给企业。

尼科西亚模式比较严谨，清晰易懂。但它更多地强调了企业向消费者发出信息，消费者接收信息后，受到信息的影响并经过自己处理而形成对商品和服务态度的输出，模式未能对外界环境的影响如何起作用做出说明，尼科西亚模式如图 3.2 所示。

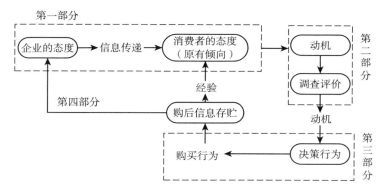

图 3.2　尼科西亚消费行为模式示意

②恩格尔—科拉特—布莱克模式。

恩格尔—科拉特—布莱克模式简称 EKB 模式，是由杰姆斯·恩格尔（James Engel）、戴维·科拉特（David Kollat）和罗杰·布莱克（Roger Blackwell）于 1968 年提出，并于 1984 年修正而成的理论框架[216]。

整个模式分为四部分，包括信息加工与处理、中枢控制系统，即消费者的心理活动过程、决策过程和环境。外界信息在有形和无形因素的作用下，输入中枢控制系统，即对大脑引起、发现、注意、理解、记忆与大脑存储的个人经验、评价标准、态度、个性等进行过滤加工，构成了信息处理程序，并在内心进行研究评估选择，对外部探索即选择评估，产生了决策方案。在整个决策研究评估选择过程，同样要受到环境因素，如收入、文化、家庭、社会阶层等影响。最后产生购买过程，并对购买的商品进行消费体验，得出满意与否的结论。此结论通过反馈又进入了中枢控制系统，形成信息与经验，影响未来的购买行为。

EKB 模式是一个以消费决策过程为核心的理论模式，在消费者行为模式中，对消费者心理活动分析较为全面的就是 EKB 模式。他们认为消费者的最终决策并非是一个间断性的过程，而是一个连续性的行为（活动）所产生的结果。该模型以"消费者的决策过程"为中心，再结合内在和外在的干扰因素所形成。其特色为该模型以流程图的方式表达，清楚地表达出消费者决策过程及各个变量间的相关性，易于让研究者了解其内涵。EKB 模式如图 3.3 所示。

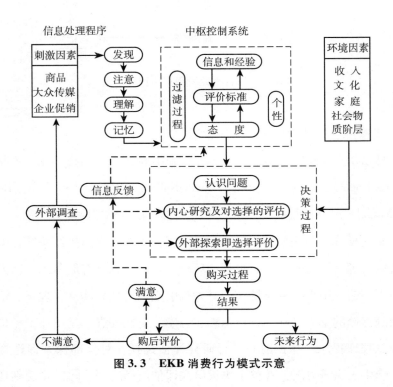

图 3.3　EKB 消费行为模式示意

　　EKB 模式强调了消费者进行购买决策的过程，在此决策过程中，消费者同时受内在和外在变量的干扰，而影响其最终决策。这一过程始于问题的确定，终于问题的解决。在这个模式里，消费者心理成为"中央控制器"，外部刺激信息（包括产品的物理特征和诸如社会压力等无形因素）输入"中央控制器"。在"中央控制器"中，输入内容与"插入变量"（态度、经验及个性等）相结合，得出了"中央控制器"的输出结果——购买决定，由此完成了一次消费者购买行为。

　　具体来说，EKB 模式描述了一次完整的消费者购买行为过程：在外界刺激物、社会压力等有形及无形因素的作用下，使某种商品暴露，引起消费者心理上的知觉、注意、记忆，形成信息及经验并储存起来，构成了消费者认识问题的最初阶段；在动机、个性及生活方式的参与下，消费者对问题的认识明朗化，并开始寻找符合自己愿望的购买对象，这种寻找在评价标准、信念、态度及购买意向的支持下向购买结果迈进；经过产品品牌评价，进入备选方案评价阶段，消费者进行选择而实施购买，得出输出结果而完成购买；最后，对购后结果进行体验，得出满意与否的结论，并开始下一次消费活动过程。

　　③霍华德—谢思模式。

　　霍华德—谢思模式由学者约翰·霍华德（John Howard）在 1963 年提出，后与杰格迪什·谢思（Jagdish Sheth）合作经过修正于 1969 年正式形成[217]。约翰·霍华德和杰格迪什·谢思将社会心理学结构引入到消费者行为研究中，提出一个强调意义和象征的消费行为模式。霍华德—谢思模式如图 3.4 所示。

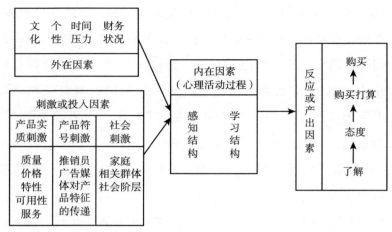

图 3.4　霍华德—谢思消费行为模式示意

该模式重点是把消费者购买行为从四大因素的角度去考虑：刺激或投入因素、外在因素、内在因素和反映或者产出因素。投入因素和外界因素是购买的刺激物，它通过唤起和形成动机，提供各种选择方案信息，影响购买者的心理活动（内在因素）。消费者受刺激物和以往购买经验的影响，开始接收信息并产生各种动机，对可选择产品产生一系列反应，形成一系列购买决策的中介因素，如选择评价标准、意向等，在动机、购买方案和中介因素的相互作用下，便产生某种倾向和态度。这种倾向或者态度又与其他因素，如购买行为的限制因素结合后，便产生购买结果。购买结果形成的感受信息也会反馈给消费者，影响消费者的心理和下一次的购买行为。

④科特勒行为选择模式。

菲利普·科特勒从市场营销环境的基础上提出了一个强调社会两个方面的消费行为模式。这个模式中在内外因素的基础上列举出具体的分类[210]。科特勒模式如图 3.5 所示。

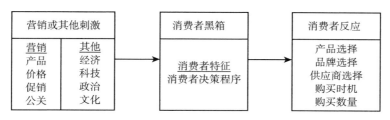

图 3.5　科特勒消费者行为选择模式

　　菲利普·科特勒说明消费者购买行为的反应不仅要受到商品、价格、地点、促销的影响，还要受到经济、技术、政治、文化因素的影响。而不同特征的消费者，会产生不同心理活动的过程。购买者的个性和决策过程，导致了一定的购买决定，最终导致了消费者对产品、品牌、经销商、购买时机、购买数量的选择。

　　尽管很多研究者试图通过综合性模型来整合消费者行为研究领域中不同的分支，但由于这些模型的有效性无法进行科学性检验，其观点的正确性必然存在许多争议。随着消费者行为研究的不断发展与深入，研究者们认识到消费者行为非常复杂，难以完全包含于某一个理论模型之中。20 世纪 80 年代以后，消费者研究开始摆脱综合性理论模型的思路，研究范围逐渐拓宽，研究主题和研究方法也日益多元化。从理论渊源来看，消费者行为研究汲取多个学科的理论素材，涉及经济学、社会学、社会心理学、人类学、民族学、心理学等多门学科的理论领域。

　　国内学者对我国消费者行为模式进行了大量研究，试图得出符合中国国情的理论模型，以确定影响我国消费者的主要因素，比较有代表性的有下面几类方法：一类是在西方主流消费理论的框架内，判断我国居民消费行为符合哪一类消费理论；另一类认为西方消费理论无法说明中国消费者的行为特征，进而根据我国居民消费行为自身特点而自行设计了消费理论。

3.1.3　消费者行为研究的基本假设

传统经济学理论假设消费者是完全理性的经济人，即消费者无论何时何地都能确切知道自己所需要的产品和服务，并且能够获取、处理和使用信息，根据自己的目标做出理智的选择。

行为经济学理论却提出有限理性人的假设。传统经济学的经济人概念是根据经济人的理想环境和条件提出的，而没有考虑现实人的特点以及行为与动机。行为经济学的奠基人赫伯特·西蒙[218]提出了有限理性的信息处理和决策方法。

20世纪80年代后，理查德·塞勒等人从进化心理学获得启示，认为大多数人既非完全理性，也非完全自私自利型，而是与所处的社会环境有关。2002年诺贝尔经济学奖的获得者丹尼尔·卡尼曼的主要贡献是研究不确定条件下的人类判断决策行为[219]。

行为经济学把心理学、行为分析和实验经济学有机地结合在一起，其特点是从心理学的角度分析人的决策问题，关注人行为非理性的一面，充分考虑心理因素对决策的影响[220~222]。

3.1.4　消费者行为理论及研究方法演进

（1）理论研究。

在消费者行为研究的发展中，从不同角度，运用不同的方法，取得了许多富有价值的成果。以不同的导向视角回溯它的进展，有三条脉络是较为显著和明晰的[223]。

第一，理性决策人的消费行为模式。该模式假设消费者是理性决策人，消费行为是消费者寻求问题解决的纯粹理性过程，与消费者的气质、动机、情感和心境等个性心理无关。

第二，情感体验人的消费行为模式。该模式认为消费行为是一个消费者受内在动机驱动而寻求个体心境体验的情感经验过程。研究重点是需要、动机、生活形态、自我概念和象征等消费者个性心理和消费购买行为的关系。

第三，行为主义的消费行为模式。该模式认为消费者是一个按照特定行为模式对环境刺激做出反应的人，消费是一个源于环境因素影响的条件反射行为，并非理性过程。促成消费发生的环境因素很多，如强烈的金钱刺激、文化规范的影响、厂商的促销活动，等等。

（2）方法研究。

当代消费者行为研究主要从宏观和微观两个层面展开。在宏观层面上，消费者行为与消费生活方式概念相联系，通常是对消费群人口统计特征及消费行为特征进行描述，多属于描述性研究。在微观层面上，消费者行为通常与消费者认知、态度、购买意愿以及决策过程等具体购买行为相联系，倾向于对消费者在具体的信息沟通、购买决策、产品使用、品牌态度等方面的行为进行解释和说明，多属于解释性研究。

①宏观层次的消费者行为研究方法。

对于宏观层次的消费者行为研究，一般采用描述性研究方法，对消费群体社会统计特征的描述，基于杰姆斯·恩格尔等提出的四个维度（态度，活动，观点以及人口统计特征）来描述消费者的生活方式，然后根据四个维度的表现，把消费者分成若干个类型。国内卢泰宏教授采用本土化的方法对中国消费者的行为进行了研究[224]，他和他的博士弟子分别就中国青年一代的生活方式、消费者气质行为模式、中国女性消费者自我概念等方面进行了研究，并分别于 2001 年和 2002 年出版了《营销在中国Ⅰ》和《营销在中国Ⅱ》。王海中等[225]则对中国消费者的民族中心价值观和宏观消费行为进行了研究。

②微观层次的消费者行为研究方法。

从微观层面对消费者行为进行研究时，一般是按照理性经济人或者有限理性的假设，以效用理论和态度行为理论等为基础。所采用的方法大致可以分为三类：

一类是定性研究方法，例如，研究社会、技术、经济和政治法律等宏观环境对消费者行为决策的影响；

二类是利用统计分析方法，对消费者行为进行定量研究；

三类是利用计算机模拟技术、智能体技术以及系统集成技术对消费者行为进行研究。

3.2 影响电信消费者选择套餐的因素分析

影响消费者选择电信套餐的因素有很多，根据影响因素与消费者的关联度，将它们分为主观因素、客观因素和随机因素三部分。

3.2.1 主观因素

主观因素是指与电信套餐消费者本身直接相关的或是电信套餐消费者可以决定的因素。包括消费者的个性因素、心理因素等。

（1）个性因素。

个性因素是指消费者的个人特征，主要包括电信消费者的性别、年龄、职业、收入、文化程度等，这些因素对消费者选择套餐具有重要影响。

（2）心理因素。

心理因素是一个相当复杂的因素，它对电信套餐消费者选择行为的支配也相当复杂。心理因素包括动机、需求层次、感觉、知觉、经验、信念、态度等。

3.2.2 客观因素

客观因素，主要指与电信套餐消费者不直接相关、电信套餐消费者无法决定的因素。包括经济因素、文化因素及购买情境因素等属性因素。

（1）经济因素。

宏观与微观经济环境，如社会经济发展水平、经济结构与体制的变化、社会收入水平、社会消费水平、习俗及市场结构等都会影响到消费者对电信套餐的选择。

（2）文化因素。

影响电信套餐消费者选择行为的文化因素包括社会文化因素、社会阶层因素、相关群体的影响因素、家庭因素等。

（3）购买情境因素。

购买情境因素是直接促成购买需求行为实现或延缓购买需求行为的辅助因素，既包括消费者与电信运营商工作人员的心理沟通，也包括营业厅布局、销售服务、经营方式、广告宣传等。

3.2.3 随机因素

随机因素是指除了主、客观因素之外，一些不确定的、甚至预测不到的因素。这些随机因素主要是由于消费者可能不完全了解所有套餐选择因素或是没有掌握全部套餐选择的某些属性所产生的，或是由于一些突发事件而引起的，随机因素对消费者的套餐选择也有一定的影响。

3.3　电信消费者选择套餐的实证研究

本书进行的实证研究是针对某市在校大学生开展的电信套餐选择情况调查，该次调查采用的方法是行为调查法[226]（Revealed Preference，RP），其调查问卷如附录所示。调查问卷又称调查表或询问表，它是社会调查的一种重要工具，用以记载和反映调查内容和调查项目的表式。

此次针对在校大学生开展的电信套餐选择情况调查的主要目的是掌握大学生消费者选择电信套餐行为的基础数据，为以后的行为预测研究提供数据基础。本章将对大学生消费者的个人基本情况及对套餐属性等进行分析，更主要的是将调查数据整理归类，作为本书第4章至第6章建立基于消费者套餐选择的分析预测模型的基础数据。

3.3.1 调查方法与数据获取

本书调查的是大学生消费者个人的电信套餐选择行为，因此所需数据为大学生消费者个人的属性数据及个人选择数据。这使数据调查的工作量从传统消费者选择行为或经济调查的宏观调查扩展至微观的消费者选择调查。

3.3.1.1 调查方法

本书采用 RP 调查法调查大学生消费者的实际套餐选择数据。针对某些已经存在的电信套餐，请被调查大学生回答自己的实际选择行为。RP 调查法的基本原理是根据存在的或发生的情景用不同的属性因素及其水平对其进行描述，让被调查者进行打分、优先等级排序或离散选择以评估其对各选项的整体偏好。调查中的变量是实际情景的数学反映，被调查者的回答是其实际行为的再现，具有较高的可靠性。

RP 调查法的主要特点是调查的内容是过去已经发生的或者现在正在发生的事件，即被调查者根据自己的经历进行回溯，填写选择结果。在调查的过程中，无论被调查者是否清楚选择某种结果的原因，选择的结果总是代表着一种倾向，即现象的机理本身就存在于选择结果之中。

一般来说，RP 调查法调查的过程包括前期的准备工作、实际调查和后期的调查资料整理分析工作。本书使用的具体调查方式包括纸质问卷调查和网络问卷调查。

3.3.1.2 问卷设计

本书设计的是针对某城市在校大学生开展的实际选择电信套餐情况调查的问卷。在设计问卷前首先整理出某城市三大电信运营商（中国移动、中国联通和中国电信）针对在校大学生推出的套餐种类，这些套餐的属性主要包括基本月租、免费赠送短信条数、市话本地主被叫资费、长途本地主被叫资费、上网流量资费及其他增值业务等。

各个套餐的主要区别在于套餐属性相应的资费标准不同，在此基础上结合大学生消费群体的其他个人特征属性设计了结构式调查问卷，根据个人特征属性和套餐属性设计问卷的选项。

大学生消费者对电信套餐的选择行为调查本质上是采用特定的观察手段对被调查者的属性特征进行测量，因此要保证调查数据准确可靠，应该在设计调查问卷时化繁为简，这样有助于把各种繁杂的信息进行量化处理，得出具有可信度和有效性的结论。

问卷设计是一项十分细致的工作，一份好的问卷应做到：内容简明扼要，信息包含要全；问卷问题安排合理，合乎逻辑，通俗易懂；便于对资料分析处理。

（1）问卷的基本结构。

调查问卷通常由三部分组成：前言、主体内容和结束语。

问卷前言主要是对调查目的、意义及填表要求等的说明，包括问卷标题、调查说明及填表要求。前言部分文字须简明易懂，能激发被调查者的兴趣。

问卷主体是市场调查所要收集的主要信息，它由一个个问题及相应的选择项组成。通过主体部分问题的设计和被调查者的答复，调查者可以对被调查者的个人基本情况和对某一特定事物的态度、意见倾向以及行为有较充分的了解。

问卷结束语主要表示对被调查者合作的感谢。

（2）问卷设计的原则。

①相关原则：调查问卷中除了少数几个提供背景的题目外，其余题目必须与研究主题直接相关。

②简洁原则：调查问卷中每个问题都应力求简洁而不繁杂、具体而不含糊，尽量使用简短的句子，每个题目只涉及一个问题，不能

兼问。

③礼貌原则：调查问卷中尽量避免涉及个人隐私的问题，避免那些会给答卷人带来社会或职业压力的问题，问题的措辞礼貌、诚恳，人们才愿意合作。

④方便原则：调查问卷中题目应该尽量方便调查对象回答，不必浪费过多笔墨，也不要让调查对象觉得无从下手，花费很多时间思考。

⑤定量准确原则：调查问卷中如果要收集数量信息，则应注意要求调查对象答出准确的数量而不是平均数。

⑥选项穷尽原则：调查问卷中题目提供的选择答案应在逻辑上是排他的，在可能性上又是穷尽的。

⑦拒绝术语原则：调查问卷中避免大量使用技术性较强的、模糊的术语及行话，以便使被调查对象都能读懂题目。

⑧非导向性原则：调查问卷中所提出的问题应该避免隐含某种假设或期望的结果，避免题目中体现出某种思维定式的导向。

（3）问卷提问的方式。

调查问卷提问的方式可以分为两种形式：

①封闭式提问：也就是在每个问题后面给出若干个选择答案，被调查者只能在这些被选答案中选择自己的答案。

②开放式提问：就是允许被调查者用自己的话来回答问题。在开放式问题中，被调查者的观点不受限制，便于深入了解被调查者的建设性意见、态度、需求问题等。

（4）问卷问题排列顺序的要求。

问题排列顺序的基本要求有：①便于被调查者顺利作答；②便于资料的整理和分析。为此，问题的排列要有逻辑性。先提出概括性的问题，逐步启发被调查者。

问题排列顺序的具体要求有：①先易后难：按问题的难易程度排列次序，将比较难回答的问题和涉及被调查者个人隐私的问题放在最后。②同类集中：相同性质或同类问题尽量集中排列。

（5）问卷设计的步骤。

在使用 RP 调查法设计调查问卷时，应尽可能多地容纳套餐选择背景数据和现状基础数据，具体分为以下几个步骤：

①制定调查计划。

确定本次调查的调查对象是在校大学生，获得调查数据的方法分为两种：纸质问卷调查和网络问卷调查。调查目的是想获得影响在校大学生选择电信套餐因素的实际数据，调查内容包括选择电信套餐的大学生消费者的个人特征数据及套餐属性数据。

②调查表格设计。

本书 RP 调查表格的设计主要包括两部分内容：其一是大学生消费者的个人特征信息项，包括消费者的性别、年级、家乡、生活费和手机实际费用等；其二是套餐属性信息项，包括市话时长、长途时长、短信数量、上网时间及上网流量等。

③预先测试和修订。

为了提高调查的准确性、可靠性和科学性，达到以较少的投入，获得相对更好的研究成果，作者先初选了一些在校大学生进行了小样本预调查，共发放问卷 100 份，收回问卷后，就调查中存在的问题，对问卷进行包括问卷题目的目的性、所提问题的可理解性以及回答问题的有效性等内容的修订、补充和完善。

④实施调查。

根据调查计划，最后采取发放纸质调查问卷和网络调查问卷等手段进行实际调查。

3.3.1.3　调查收回与数据获取

大学生手机套餐消费情况调查问卷经过小样本预调查后形成正式调查问卷，最后面向某市的两所高校的在校大学生进行了调查。两所高校的学生生源不同，一所是该省省属高校，学生主要来自本省，在使用电信套餐时相对更多的关注市话及省内长途等资费问题；为了调查结果的全面、公平，选择的另一所学校是教育部直属高校，该校学生来自全国各地，有效地弥补了对省外长途资费等问题的关注。并且选择随机抽样调查的方法，尽量扩大样本数量和抽查范围，减少总体的变异性来控制误差。

共发放纸质调查问卷300份，在回收的过程中，对问卷进行了仔细的查看，针对漏填及时让被调查者补填，对模糊不清的选项仔细询问被调查者征求确切的答案，最后收回适合本研究的有效纸质问卷278份。同时找了这两所高校没有参加此次纸质问卷调查的其他大学生参加了该调查问卷的网络调查，收到有效网络调查问卷682份。两种调查方式合计共收到有效问卷960份。

针对收回的有效调查问卷，首先利用Execl对问卷的数据进行录入等预处理工作，然后利用SPSS软件进行数据分析，得到大学生消费者电信套餐选择的调查数据描述性分析等初步分析，为后续的研究工作提供了实际的数据。

为了保证调查问卷具有较高的可靠性和有效性，在形成正式问卷之前，对问卷进行了测试，并对测试结果进行了信度和效度分析，将根据分析结果筛选问卷题项，调整问卷架构，从而提升问卷的信度和效度。

3.3.2 信度和效度分析

（1）调查问卷的信度分析。

调查问卷的信度（也称可信度）是指问卷调查结果所具有的一致性或稳定性的程度。一个问卷的信度越高，说明问卷越稳定，采用该问卷调查的结果就越可靠和有效。信度分析主要是验证用于调查的问卷在度量相关变量时是否具有稳定性或一致性。本调查研究采用李·克隆巴赫（Lee Cronbach）所研究的 α 系数方法来评价问卷的内部一致性[227]。

以 α 系数作为评判标准，从问卷的构思层次入手，根据内部结构的一致性程度，对问卷的内部一致信度进行检验。α 系数的计算公式为：

$$\alpha = \frac{K}{K-1}\left(1 - \frac{\sum S_i^2}{S^2}\right) \tag{3.1}$$

其中 K 为调查问卷所包括的总题数，$\sum S_i^2$ 为问卷题项的方差总和，S^2 为问卷题项加总后方差。α 系数值可以介于 $0 \sim 1$ 之间。通常认为，α 系数值分为三种情况，一种介于 $0.65 \sim 0.70$ 间是最小可接受值，另一种是 α 系数值介于 $0.70 \sim 0.80$ 之间表示相当好，第三种是 α 系数值介于 $0.80 \sim 0.90$ 之间表示非常好。

在 SPSS 软件中，专门用来进行问卷信度分析的模块为工具栏【分析（Analyze）】→【尺度（Scale）】→【可靠性分析（Reliability Analysis）】。本书利用 SPSS 软件对设计的调查问卷进行信度分析得到表 3.1。

表 3.1 可靠性统计量

Cronbach's Alpha	基于标准化项的 Cronbachs Alpha	项数
0.716	0.731	12

通过表 3.1 可靠性统计量的数据可知，α 系数大于 0.7，因此，该调查问卷具有较高的信度和稳定性。

（2）调研问卷的效度分析。

调查问卷的效度（也称有效度）即有效性，是指调查问卷能够准确调查出所需调查问题的程度，通常是指调查结果的正确程度，根据调查结果推论变量特征的适合性。就调查问卷而言，效度主要回答调查结果的有效性和正确性问题。

效度分析有多种方法，其测量结果反映效度的不同方面。本书采用结构效度分析方法对所设计的调查问卷进行效度分析。结构效度是指测量结果体现出来的某种结构与测值之间的对应程度。有的学者认为，效度分析最理想的方法是利用因子分析测量整个问卷的结构效度。结构效度采用 KMO 和 Bartlett 球形检验来验证成分之间构造的有效度。KMO 的取值在 0～1 之间，实际分析中，KMO 统计量在 0.7 以上时，效果比较好。

在 SPSS 软件中，可以用来进行问卷效度分析的模块为工具栏【分析（Analyze）】→【降维（Data Reduction）】→【因子分析（Factor Analysis）】。本书利用 SPSS 软件对设计的调查问卷进行效度分析得到表 3.2。

表 3.2   **KMO 和 Bartlett 的检验**

取样足够度的 Kaiser – Meyer – Olkin 度量		0.779
Bartlett 的球形度检验	近似卡方	1722.528
	df	66
	Sig.	0.000

通过表 3.2 所示的 KMO 和 Bartlett 的检验可知，KMO = 0.779（ > 0.7），Bartlett 球形检验给出的 $P = 0.000$（ < 0.05），说明指标数据结构设计较合理。

综上所述，本书利用 SPSS 软件对设计的调查问卷进行了信度和效度分析，结果说明问卷具有较高的一致性或稳定性，且问卷数据结构设计合理，能够较好地反映调研问卷的结构和内容。

3.3.3 大学生消费者套餐选择调查数据的描述性分析

本研究在利用调查问卷获得的数据进行模型的实证研究之前，先对样本进行了描述性统计分析。描述性统计分析是对被调查或所研究的总体所有单位的有关数据进行搜集、整理和计算综合指标等加工处理，用来描述总体特征的统计分析方法。本书主要通过百分比来表示被调查样本的结果与分布等基本情况。

3.3.3.1 被调查学生的个人基本统计特征分析

因本调查主要以大学生选择电信套餐为例对电信套餐消费者的选择行为展开调查，所以此处仅就大学生选择套餐的调研样本特征进行描述。表 3.3 是在展开的正式调查中被调查者的基本统计特征。

表 3.3   被调查者基本统计特征

特征属性	被调查大学生情况	人数	百分比（%）
性别	男	570	59.4
	女	390	40.6
年级	大一、大二	378	39.4
	大三、大四	330	34.4
	硕士生	190	19.8
	博士生	62	6.5
家乡所在城市	学校所在城市	185	19.3
	学校所在省份其他城市	441	45.9
	其他	334	34.8
生活费	600 元以下	200	20.8
	600~900 元	366	38.1
	900~1200 元	300	31.3
	1200~1500 元	66	6.9
	1500 元以上	28	2.9
手机实际费用	20 元以下	52	5.4
	20~35 元	179	18.6
	35~50 元	297	30.9
	50~100 元	334	34.8
	100 元以上	98	10.2

资料来源：笔者整理。

从 960 份有效问卷可以得到被调查大学生的个人基本特征：

（1）性别状况。被调查者男性比例高于女性，男性占了被调查者总数的 59.4%，而女性为 40.6%。

（2）年级。本次被调查学生以本科生为主，大一、大二的被调查学生占总人数的 39.4%，大三、大四的被调查学生占总人数的

34.4%，本科生占总数的 73.8%。而硕士生和博士生分别仅占总人数的 19.8% 和 6.5%。

（3）家乡所在城市。被调查学生中学校所在城市是家乡的仅有 19.3%，家乡是学校所在省份其他城市的学生比例最大，达到 45.9%，还有 34.8% 的学生家乡是在省外。

（4）生活费。被调查学生的生活费以 600~900 元和 900~1200 元比例最高，分别占到 38.1% 和 31.3%。生活费少于 600 元的被调查学生的比例占 20.8%，生活费在 1200~1500 元的占 6.9%，而生活费大于 1500 元的仅占被调查学生总数的 2.9%。

（5）手机实际费用。被调查学生中每月手机的实际费用在 50~100 元的比例最高，占总数的 34.8%。手机实际费用在 35~50 元的比例也较高，占总数的 30.9%。手机实际费用在 20~35 元的学生占总数的 18.6%，高于 100 元的学生占总数的 10.2%，仅有 5.4% 的被调查学生每月手机实际费用低于 20 元。

3.3.3.2 被调查学生对套餐属性的选择情况分析

本次调研的问卷将影响消费者套餐选择的套餐属性分为五类：市话时长、长途时长、短信数量、上网时间及上网流量。被调查大学生对套餐属性的选择情况见表 3.4，从表 3.4 可以看出：

（1）市话时长。被调查大学生每月市话时长在 50 分钟以下的比例最高，占总数的 36.9%，其次是市话时长在 50~100 分钟的被调查大学生，占样本总数的 36.7%。市话时长在 100~200 分钟的大学生比例仅占 16.3%，而市话时长超过 200 分钟的大学生比例更少，仅占样本总数的 10.2%。

（2）长途时长。被调查大学生每月长途时长在每个区间段的比例上下浮动不是很大。除了区间 50~80 分钟的比例稍小，占总比例的

19.1%以外，其他区间的比例基本都在 27% 左右。

（3）短信数量。被调查大学生每月使用短信的数量在 200 条以下的比例占 73.8%，其中小于 100 条的比例占 39.4%。每月使用短信数量在 200 ~ 300 条之间的人数占总样本人数的 13.6%，使用短信大于 300 条的人数仅占总人数的 12.6%。

（4）上网时间。被调查大学生中不使用手机上网的人数比例仅占 10.3%，每天用手机上网时间小于 2 小时的学生比例最高，达到 47%。每天用手机上网时间在 2 ~ 6 小时的学生比例占 29.2%，大于 6 小时的学生比例占 13.5%。

（5）上网流量。被调查大学生中每月上网流量大于 30M 的人数最多，占样本总量的 41.7%，在 10 ~ 30M 之间的人数位居第二，比例占 32.1%。上网流量低于 10M 的学生占总数的 26.2%，其中，低于 5M 的学生比例占 15.8%。大学生现在大量使用需要上网流量的微信等交流方式代替了短信，这与短信使用数量减少的现象也是吻合的。

表3.4　　　　　本研究对象的套餐属性选择情况统计分析

套餐属性	问卷选项	人数	百分比（%）
市话时长	50 分钟以下	354	36.9
	50 ~ 100 分钟	352	36.7
	100 ~ 200 分钟	156	16.3
	200 分钟以上	98	10.2
长途时长	20 分钟以下	255	26.6
	20 ~ 50 分钟	263	27.4
	50 ~ 80 分钟	183	19.1
	80 分钟以上	259	27.0

套餐属性	问卷选项	人数	百分比（%）
短信数量	100 条以下	377	39.3
	100~200 条	331	34.5
	200~300 条	131	13.6
	300~500 条	78	8.1
	500 条以上	43	4.5
上网时间	不用手机上网	99	10.3
	2 小时以下	451	47.0
	2~6 小时	280	29.2
	6 小时以上	130	13.5
上网流量	5M 以下	152	15.8
	5~10M	100	10.4
	10~30M	308	32.1
	30M 以上	400	41.7

资料来源：笔者整理。

3.3.3.3 被调查学生选择电信套餐的情况分析

根据收回的某城市在校大学生选择套餐的 960 份有效调查问卷所获得的数据，经统计得出各套餐的选择情况如表 3.5 所示。

同时从图 3.6 可以看出，在校大学生选择最多的套餐是动感地带网聊 15 元套餐，选择人数占总人数的 49.69%，也就是说有将近一半的被调查大学生选择该套餐。其次是选择动感地带网聊 18 元套餐，比例占 9.69%。可见大学生大多数都在选择中国移动的动感地带网聊套餐。

表 3.5　　　　　　　　　　被调查大学生的套餐选择情况

选择套餐	频率	百分比（%）	累积百分比（%）
选择动感地带网聊套餐 15	477	49.7	49.7
选择动感地带网聊套餐 18	93	9.7	59.4
选择动感地带网聊套餐 23	41	4.3	63.6
选择动感地带音乐套餐校园版 15	60	6.3	69.9
选择动感地带音乐套餐校园版 20	48	5.0	74.9
选择动感地带音乐套餐校园版 25	28	2.9	77.8
选择动感地带音乐套餐标准版 15	10	1.0	78.9
选择动感地带音乐套餐标准版 20	5	0.5	79.4
选择动感地带音乐套餐标准版 25	11	1.1	80.5
选择新势力畅聊套餐 13	36	3.8	84.3
选择新势力畅聊套餐 18	3	0.3	84.6
选择新势力畅聊套餐 23	2	0.2	84.8
新势力 QQ 卡	17	1.8	86.6
高校浪漫套餐 Ⅱ	4	0.4	87.0
高校浪漫套餐 Ⅲ	4	0.4	87.4
电信校园套餐聊天版	22	2.3	89.7
电信校园套餐音乐版	1	0.1	89.8
电信校园套餐上网版	2	0.2	90.0
电信冀机通套餐（大学版）	28	2.9	92.9
未使用校园套餐	68	7.1	100.0
合计	960	100.0	

资料来源：笔者整理。

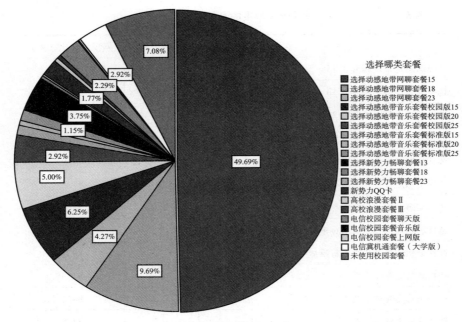

图 3.6　套餐选择情况的饼图

资料来源：笔者整理。

3.4　大学生消费者选择套餐的行为特征分析

通过调查研究，本书总结了大学生使用电信套餐的几项主要特征：

（1）套餐选择的从众心理。

被调查大学生中大部分同学选择了中国移动的动感地带相关套餐，而在选择具体套餐时又有将近一半的同学选择了动感地带网聊 15元套餐，这说明大学生在选择套餐时更多的是一种从众行为。

（2）套餐流量业务将是大学生的主要需求。

套餐流量业务将是大学生越来越关注的问题，被调查大学生中每月手机上网流量大于 30M 的人数最多，占到将近一半。大学生感觉过程与学习过程变化很快，更容易受到外界刺激因素的影响，表现出来的特点是善于接受新事物，追求时尚，随着微信等需要流量的新兴业务的推出，大学生也势必将越来越关注套餐中的流量业务。

（3）短信业务需求降低。

微信因能发送语音短信、视频、图片和文字、支持多人群聊等在在校大学生中得到了广泛的使用。而传统的短信只能发送或接收文字或数字信息，使得在校大学生对短信业务的需求逐渐减少。

（4）价格弹性阶段化。

长期的套餐使用过程，使得在校大学生对电信套餐有了较为固定的认知，对不同套餐的消费有清晰的心理界定，当套餐价格在心理价位以上或者以下变动时，都未必能产生很大的价格弹性，但在心理价位附近波动时，价格的下降将会产生很大的需求。

（5）存在一定的潜在消费者。

在校大学生的生活费基本来源于父母，受其生活费的制约，在选择电信套餐时会因电信运营商促销的刺激程度及价格变动情况发生改变。因此对于中国联通和中国电信两大运营商，可以再加大促销力度，降低价格，提高服务，从而将潜在消费者变为实际消费者。

3.5　本 章 小 结

本章首先通过介绍消费者行为的相关理论，分析了影响电信套餐消费者选择的因素，从而对电信套餐消费者的选择行为进行了定性分析。其次对大学生选择电信套餐情况进行了实证研究，从调查方法、数据获取到数据分析，最后对大学生选择套餐行为进行了定量分析，为后续的研究工作奠定了坚实的基础，提供了有效的实际数据。

第4章

有限理性的电信套餐消费者选择行为

本章基于前景理论研究有限理性的电信套餐消费者的选择行为，并与基于期望效用理论研究完全理性的消费者的行为进行比较。本章首先概述了期望效用理论，基于期望效用理论分析了完全理性的电信套餐消费者的选择行为。其次基于前景理论分析了有限理性的电信套餐消费者的选择行为。最后由于参考点设定是前景理论中非常重要的部分，本章又提出了一种新的设定参考点的方法，并基于新的参考点分析了电信套餐消费者的选择行为。

4.1 基于期望效用理论分析电信套餐消费者的选择行为

本章首先将基于期望效用理论评价套餐，分析完全理性的电信套餐消费者的选择行为。下面首先回顾一下期望效用理论相关内容。

4.1.1 期望效用理论概述

1944年，约翰·冯·诺依曼和奥斯卡·摩根斯顿提出了期望效用理论[18]，该理论建立在个体偏好理性的一系列严格的公理化假定基础上，是现代决策理论的基石。期望效用理论采用效用的概念来体现客观价值的主观效果，同时它对决策者的风险偏好有一定的研究。

4.1.1.1 效用

效用（utility）是期望效用理论的核心概念，它是用来衡量人们从一组商品或服务之中获得的幸福或者满足的尺度，是经济学中一个极其重要的概念[228]。

在理解效用时要注意以下两个问题：

第一，效用是一种主观感觉，完全取决于个人消费某种物品的心理满足程度。效用不包含任何伦理学含义，也没有客观标准。同一种物品在不同的时间与地点给不同人所带来的效用是不同的。

第二，在根据基数效用论研究消费者行为时，假设效用是可以计量的，可用效用单位来表示效用的大小，这种衡量单位是任意选定的，只要有利于分析问题就可以。效用值在客观上取决于商品的性能或服务水平，主观上取决于消费者对商品有用性或服务水平的评价。在微观经济学中通常假定，消费者在进行选择时总是追求效用最大化。

4.1.1.2 期望效用理论

期望效用理论假设决策者知道决策的所有选项，能够敏锐地感知选项间的差异，能够按自己的偏好对选项排序，知道所有选项的潜在结果，并能够完全理性地做出满足效用最大化的选择。该理论认为个体的决策追求效用最大化，并且结果发生的概率是客观存在的。即为了追求利益的最大化，在有限的环境资源中做出最优决策，决策者的决策要同时考虑收益和获得收益的概率，最后选择乘积值最大的方案。

期望效用理论的数学表达式为：

$$EU = \sum p_i \cdot u_i \qquad (4.1)$$

上式也被称为 VNM 效用函数。

其中，决策的客观概率 p_i，表示事件 i 发生的可能性，$\sum p_i = 1$，u_i 表示效用。期望效用函数表明，决策理论本质上需要确定两个关键的变量：某一结果出现的概率和相应的效用。

期望效用理论公理化模型的基本思想是，如果决策者是一个完全理性的人，即这些理论存在的前提是一系列严格的假定公理。这些公理包括：

（1）完备性：在评估两种方案时，一个人或者偏爱 x_1，或者偏爱 x_2，或者认为两者无差别，即 $x_1 > x_2$，$x_1 < x_2$，$x_1 = x_2$ 必然存在一种情况。

（2）传递性：如果 x_1 优于 x_2，x_2 优于 x_3，那么 x_1 优于 x_3，即 $x_1 > x_2$，$x_2 > x_3$，则 $x_1 > x_3$。

（3）连续性：如果 $x_1 < x_2 < x_3$，存在唯一概率 p 使一个人在 x_2 与 x_1、x_3 之间无偏好，即：$x_2 = p \cdot x_1 + (1-p)x_3$。

（4）独立性：若 $x_1 = x_2$，则 $p \cdot x_1 + (1-p)x_3 = p \cdot x_2 + (1-p)x_3$。

4.1.2 基于期望效用理论评价套餐

在研究完全理性的消费者选择某电信套餐的行为问题中，设 $A =$ 97

$\{a_1, a_2, \cdots, a_n\}$ 为备选套餐的集合，其中 a_i 代表第 i 个可选套餐 $(i = 1, 2, \cdots, n)$；$Q = \{q_1, q_2, \cdots, q_m\}$ 为属性集，其中 q_j 表示第 j 个属性 $(j = 1, 2, \cdots, m)$；$w = (w_1, w_2, \cdots, w_m)^T$ 为属性的权重向量，其中 w_j 表示属性 q_j 的权重，并且满足 $w_j \geqslant 0$，$j = 1, 2, \cdots, m$；$C = (c_{ij})_{n \times m}$ 为决策矩阵，其中 c_{ij} 表示套餐 a_i 关于属性 q_j 的属性值。

基于期望效用理论评价套餐的步骤如下：

步骤 1：决策矩阵规范化

为消除不同物理量纲对决策的影响，首先将决策矩阵 $C = (c_{ij})_{n \times m}$ 规范化为 $X = (x_{ij})_{n \times m}$，其中 x_{ij} 由下式给出[229]：

$$x_{ij} = \frac{(c_{ij} - t_j^{min})}{(t_j^{max} - t_j^{min})}, \quad i = 1, 2, \cdots, n; \quad j = 1, 2, \cdots, m \quad (4.2)$$

其中

$$t_j^{min} = \min_{1 \leqslant i \leqslant n} c_{ij} \quad (4.3)$$

$$t_j^{max} = \max_{1 \leqslant i \leqslant n} c_{ij} \quad (4.4)$$

步骤 2：计算各个套餐的期望效用值

套餐 a_i 的期望效用值 EU_{a_i} 为：

$$EU_{a_i} = \sum_{j=1}^{m} x_{ij} w_j, \quad i = 1, 2, \cdots, n \quad (4.5)$$

步骤 3：套餐选择

根据套餐 a_i 的期望效用值 EU_{a_i}，选择期望效用值最大的方案即为最优方案。

$$EU_{a*} = \max\{EU_{a_i} \mid i = 1, 2, \cdots, n\} \quad (4.6)$$

4.1.3 算例

基于第 3 章的实证研究，本节考虑某市两个电信运营商针对在校大学生推出的四种套餐方案，基于期望效用理论分析大学生从这四种套餐方案中选择一个最优套餐方案的行为。通过收集资料，确定了三个主要的评价属性，即品牌价值、月租、免费赠送短信条数。由于套餐的其他评价属性的属性值相同，因此其他属性本节暂不考虑，但考虑的属性权重和不为 1。各个属性的权重值如表 4.1 所示。

表 4.1　　　　　　　　某市电信运营商的学生套餐属性

属性权重		0.05	0.43	0.04
属性		品牌价值	基本月租	免费赠送短信条数
套餐	动感地带网聊 15 元套餐	77.84%	15	130
	动感地带网聊 18 元套餐	77.84%	18	220
	动感地带网聊 23 元套餐	77.84%	23	330
	新势力畅聊 13 元套餐	13.32%	13	110

资料来源：笔者整理。

表 4.1 中品牌价值由市场占有率表示。下面用基于期望效用理论评价套餐的方法分析一下完全理性的大学生消费者会选择哪个套餐。

首先，根据式（4.2）由决策矩阵 C 得到规范化决策矩阵 X。

$$C = \begin{bmatrix} 77.84\% & -15 & 130 \\ 77.84\% & -18 & 220 \\ 77.84\% & -23 & 330 \\ 13.32\% & -13 & 110 \end{bmatrix}$$

$$X = \begin{bmatrix} 1 & 0.8 & 0.09 \\ 1 & 0.5 & 0.5 \\ 1 & 0 & 1 \\ 0 & 1 & 0 \end{bmatrix}$$

由表 4.1 知属性权重为：

$$w = (0.05, 0.43, 0.04)^T$$

然后根据式（4.5）计算各个套餐的期望效用值 $EU_{a_1} = 0.40$，$EU_{a_2} = 0.29$，$EU_{a_3} = 0.09$，$EU_{a_4} = 0.43$。

最后根据式（4.6），期望效用值最大的结果为最优结果，可得 a_4 为最优套餐方案，即完全理性的大学生在选择最优套餐时是选择新势力畅聊 13 元套餐。但从实证研究中发现，实际选择动感地带网聊 15 元套餐的人是最多的，可见基于期望效用理论得到的结果与实际不完全相符。

原因可能是期望效用理论做了一系列的假设，目的是便于进行严格的数学分析，但与实际不完全一致。期望效用理论通常会假设消费者对过程中每一备选套餐的结果及其概率拥有完全信息，而且消费者能够理解这些信息，能够直接或间接地推算每一备选套餐的有利和不利方面。最后，这一理论还假定消费者会在这些推算结果中做出比较，并选择能够实现效用最大化的套餐。

但显而易见的是，消费者并不总是这样选择。有关备选套餐的信息常常会缺失，或者本来就是不确定的，而知觉则往往具有高度的选择性，记忆又充满了偏差。有关不同套餐给消费者带来的不同效用结果常常被错误的理解，有时候消费者在没有协助的情况下无法比较所有可能的结果。所以说期望效用理论虽然是一个有用的标准化模型（在一定假设被满足的条件下，有关理性个体如何行为的模型），却并不是一个很好的描述性模型（实际中人们如何决策的模型）。如果要描述消费者实际选择套餐的行为，就有必要考虑其他理论模型。

值得注意的是，作者在这里说期望效用理论存在很多问题，并不是要推翻或者否认这个理论。期望效用理论就目前来说仍然是主流经济学的基础之一，仍然是指导人们决策的重要的规范性模型，作者只是认为它作为描述性模型存在一定的缺陷。

4.2　基于前景理论分析电信套餐消费者的选择行为

阿莫斯·特韦尔斯基和丹尼尔·卡尼曼后来指出期望效用理论和前景理论都是人们在决策过程中所必须的理论指导：期望效用理论用来描述理性行为，前景理论用来描述真实行为。期望效用理论为某些明确和简单的决策问题的实际选择进行了准确的表述。但大部分实际决策问题十分复杂，需要行为内容更丰富的模型[219]。

前景理论把心理学研究和经济学研究有效地结合起来，以研究不确定条件下的决策，进而开拓了一个全新的研究领域。相对于期望效用理论，前景理论向精确描述不确定条件下的个人行为又迈出了重要一步。

消费者的选择行为问题是一个不确定问题，每个消费者都有自己的行为目标和行为准则，在不同的选择环境下做出各自的判断与估计，然后做出决策。这种判断与估计不仅是在当前的情况下对各自所处环境的判断与估计，而且要对环境未来的状态进行判断与估计，争取达到各自追求的目标为最优。消费者进行决策的环境中存在着不确定性，而前景理论则正是用来描述不确定性条件下的决策行为。因此，应用前景理论来对消费者选择行为建模具有一定的适用性。本章接下来将以前景理论为基础研究有限理性的电信套餐消费者的选择行为。

4.2.1　基于前景理论的消费者选择套餐行为的分析框架

本节采取的主要方法是在前景理论的框架下，对有限理性电信消费者的套餐选择过程进行描述，并建立相关的套餐选择模型。本节将在分析和总结前景理论的基本思想和结构体系的基础上，针对电信消费者选择套餐的过程建立行为分析框架，如图 4.1 所示。重点分析和研究参考点的选取、价值函数和决策权重函数的主要特征和确定方法，并最终给出前景值的计算模型。

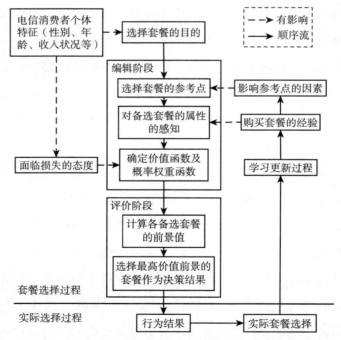

图 4.1　基于前景理论的消费者套餐选择行为分析框架

从图 4.1 可以得到：

（1）有限理性的电信消费者在进行套餐选择时，消费者的个体特征如性别、年龄及收入状况等不仅对选择套餐的目的有影响，对消费者面临损失时的态度也有影响。

（2）按照前景理论的决策过程，有限理性的电信消费者在进行套餐选择时将经历编辑和评价两个阶段。根据选择套餐的目的，在编辑阶段，消费者首先选择套餐的参考点，在对备选套餐属性的感知基础上，确定价值函数及概率权重函数。但消费者面临损失的态度将会影响到价值函数及概率权重函数的参数取值情况等。在评价阶段，首先计算各备选套餐的前景值，然后选择最高价值前景的套餐作为最后选择结果。

（3）消费者在实际选择套餐后，其选择行为并没有终止，而是进入到一个循环选择过程。消费者对套餐的选择有学习更新的过程，在使用套餐后会总结出购买选择套餐的经验，这些经验会对消费者对其他备选套餐的属性感知有影响。而且在总结出选择套餐的经验后，影响消费者参考点的因素也会发生变化，进而会影响到选择套餐的参考点。综上所述，有限理性的电信消费者在选择套餐时是带有学习更新过程的反复循环选择过程。

4.2.2　基于前景理论评价套餐

在研究有限理性的消费者选择某电信套餐的行为问题中，同样设 $A = \{a_1, a_2, \cdots, a_n\}$ 为备选套餐的集合，其中 a_i 代表第 i 个可选套餐（$i = 1, 2, \cdots, n$）；$Q = \{q_1, q_2, \cdots, q_m\}$ 为属性集，其中 q_j 表示第 j 个属性（$j = 1, 2, \cdots, m$）；$w = (w_1, w_2, \cdots, w_m)^T$ 为属性的权重向量，其中 w_j 表示属性 q_j 的权重，并且满足 $w_j \geq 0$，$j = 1, 2, \cdots, m$；

$C = (c_{ij})_{n \times m}$ 为决策矩阵，其中 c_{ij} 表示套餐 a_i 关于属性 q_j 的属性值。

基于前景理论评价套餐的步骤如下：

步骤 1：决策矩阵规范化

首先仍然是得到规范化决策矩阵 X，具体方法同 4.1.2 节中的步骤 1。

步骤 2：前景参考点的选择

前景理论的核心内容之一是参考点的选取。消费者在进行决策时将对照参考点来衡量收益或损失。设备选套餐的各属性的前景参考点的集合为：

$$S = (s_1, \ s_2, \ \cdots, \ s_m), \ j = 1, \ 2, \ \cdots, \ m \qquad (4.7)$$

其中 s_j 为属性 q_j 的前景参考点，这里设属性 q_j 的属性值 c_{ij} 的平均值为该属性的 q_j 的参考点，即

$$s_j = \frac{1}{n} \sum_{i=1}^{n} c_{ij} \qquad (4.8)$$

同样需要将其规范化：

$$s_j^* = \frac{(s_j - t_j^{\min})}{(t_j^{\max} - t_j^{\min})} \qquad (4.9)$$

步骤 3：前景价值函数的确定

设 $v(x_{ij})$ 表示套餐 a_i 在属性 q_j 下的属性值 x_{ij} 的前景价值函数。依据阿莫斯·特韦尔斯基和丹尼尔·卡尼曼[27]提出的前景价值函数可得：

$$v(x_{ij}) = \begin{cases} (x_{ij} - s_j^*)^\alpha, & x_{ij} \geqslant s_j^* \\ -\lambda (s_j^* - x_{ij})^\beta, & x_{ij} < s_j^* \end{cases} \quad i = 1, \ 2, \ \cdots, \ n; \ j = 1, \ 2, \ \cdots, \ m$$

$$(4.10)$$

通常取 $\alpha = \beta = 0.88$，$\lambda = 2.25$。

步骤 4：前景决策权重的确定

依据阿莫斯·特韦尔斯基和丹尼尔·卡尼曼[27]提出的前景决策权

重函数，设在校大学生选择电信套餐时在面临收益和损失时各个属性 q_j 的决策权重向量分别为：

$$\pi^+ = (\pi_1^+(w_1),\ \pi_2^+(w_2),\ \cdots,\ \pi_j^+(w_j),\ \cdots,\ \pi_m^+(w_m))^T$$
$$j = 1,\ 2,\ \cdots,\ m \tag{4.11}$$

$$\pi^- = (\pi_1^-(w_1),\ \pi_2^-(w_2),\ \cdots,\ \pi_j^-(w_j),\ \cdots,\ \pi_m^-(w_m))^T$$
$$j = 1,\ 2,\ \cdots,\ m \tag{4.12}$$

其中 $\pi_j^+(w_j)$ 和 $\pi_j^-(w_j)$ 分别表示各个套餐在属性 q_j 下面临收益和损失时的决策权重，由下式给出：

$$\pi_j^+(w_j) = \begin{cases} \dfrac{(w_j)^\gamma}{[(w_j)^\gamma + (1-w_j)^\gamma]^{\frac{1}{\gamma}}} & x_{ij} \geqslant s_j^* \\ 0 & x_{ij} < s_j^* \end{cases} \tag{4.13}$$

$$\pi_j^-(w_j) = \begin{cases} 0 & x_{ij} \geqslant s_j^* \\ \dfrac{(w_j)^\delta}{[(w_j)^\delta + (1-w_j)^\delta]^{\frac{1}{\delta}}} & x_{ij} < s_j^* \end{cases} \tag{4.14}$$

通常取 $\gamma = 0.61$，$\delta = 0.69$。

步骤 5：计算各个套餐的前景值

套餐 a_i 的前景值 V_{a_i} 为：

$$V_{a_i} = \sum_{j=1}^m \{v(x_{ij})[\pi_{a_j}^+(w_j) + \pi_{a_j}^-(w_j)]\},\ i = 1,\ 2,\ \cdots,\ n \tag{4.15}$$

步骤 6：套餐选择

根据套餐 a_i 的前景值 V_{a_i}，确定最满意方案。

$$V_{a^*} = \max\{V_{a_i} \mid i = 1,\ 2,\ \cdots,\ n\} \tag{4.16}$$

最后，利用式（4.16）得到前景值最大的套餐即为有限理性的消费者选择的最满意套餐。

4.2.3 算例及比较分析

本小节的算例仍然采用 4.1.3 节中的算例，目的是便于比较分析应用期望效用理论和前景理论分析消费者选择套餐行为的有效性。下面用基于前景理论评价套餐的方法分析一下有限理性的大学生消费者会选择哪个套餐。

首先仍然是由决策矩阵 C 得到规范化决策矩阵 X。

$$C = \begin{bmatrix} 77.84\% & -15 & 130 \\ 77.84\% & -18 & 220 \\ 77.84\% & -23 & 330 \\ 13.32\% & -13 & 110 \end{bmatrix}$$

$$X = \begin{bmatrix} 1 & 0.8 & 0.09 \\ 1 & 0.5 & 0.5 \\ 1 & 0 & 1 \\ 0 & 1 & 0 \end{bmatrix}$$

然后依据式（4.8）和式（4.9）确定各属性的前景参考点的集合为：

$$S = (0.75, \ 0.58, \ 0.40)$$

接着由式（4.10）得到套餐 a_i 在属性 q_j 下的前景价值，得到前景价值矩阵为：

$$v = \begin{bmatrix} 0.3 & 0.26 & -0.8 \\ 0.3 & -0.24 & 0.13 \\ 0.3 & -1.39 & 0.64 \\ -1.75 & 0.47 & -1 \end{bmatrix}$$

依据式（4.13）和式（4.14）得到面临收益和损失时各个属性 q_j

的决策权重向量分别为：

$$\pi^+ = (0.13,\ 0.39,\ 0.12)^T$$

$$\pi^- = (0.11,\ 0.41,\ 0.10)^T$$

由式（4.15）得到套餐 a_i 的前景值分别为 $V_{a_1} = 0.06$，$V_{a_2} = -0.05$，$V_{a_3} = -0.45$，$V_{a_4} = -0.11$。

最后依据式（4.16）可得 a_1 为最满意的套餐方案，即有限理性的大学生消费者在选择最满意套餐时是选择动感地带网聊 15 元套餐。

将该结果同 4.1.3 节中算例的结果进行比较可得：

（1）当假设大学生消费者是完全理性时，大学生的最优选择方案是选择新势力畅聊 13 元套餐；

（2）而当假设大学生消费者是有限理性时，大学生的最满意选择方案则是动感地带网聊 15 元套餐。

根据收回的 960 份有效问卷，实际选择动感地带网聊 15 元套餐的有 477 份，选择新势力畅聊 13 元套餐的仅有 36 份，可见实际情况与假设大学生是有限理性时的结果是一致的。所以可以说假设消费者是有限理性的与现实更相符，同时作者提出的基于前景理论分析消费者选择套餐行为的方法也更为有效。

4.3　基于新的参考点设定方法分析电信套餐消费者的选择行为

前景理论与传统期望效用理论的不同之处与参考点的设定密切相关，首先得到相对于参考点的收益值或损失值，其次在参考点的临近处，同一单位的损失要比收益对整体价值的影响大得多。总而言之，参考点在前景理论的各方面都起着非常重要的作用。因此，本节又提出了一种新的参考点设定方法。

4.3.1　基于期望消费最小的参考点设定方法

假设电信运营商针对某一目标市场推出 k 种套餐，c_e^k 为消费者对每个套餐的期望消费金额；c_a^k 为消费者对每个套餐的实际消费金额，假设其服从正态分布；c_{rd} 为消费者的参考点；ρ 表示概率，$0 < \rho < 1$；K 为套餐的集合，并且 $k \in K$。

通常，消费者在选择套餐前心里会对每个套餐都有一个消费预期，本书将选取消费者对所有套餐的期望消费金额的最小值作为参考点，即期望消费最小为参考点。

$$c_{rd} = \min_{k \in K} c_e^k \tag{4.17}$$

$$s.\ t.\ P(c_a^k \leqslant c_e^k) \geqslant \rho \qquad \forall\, k \in K \tag{4.18}$$

对于式（4.18），如果假设 $c_a^k \sim N(\mu_k,\ \sigma_k^2)$ 可得到：

$$c_e^k \geqslant \mu_k + \sigma_k \Phi^{-1}(\rho) \tag{4.19}$$

其中：μ_k 表示每个套餐的实际消费金额的均值，σ_k 表示每个套餐的实际消费金额的标准差。

最后将式（4.19）代入目标函数式（4.17）中即可求出参考点 c_{rd}。

4.3.2　基于期望消费最小的参考点分析电信套餐消费者的选择行为

根据消费者是有限理性的基本假设，接下来将基于期望消费最小的参考点设定方法，继续利用前景理论分析电信套餐消费者的选择行为。

由于消费者每个月对套餐的实际消费金额是随机变化的，消费者无法预先获知每个月的实际消费金额，只能主观估计一下每个月的消费金额。将每个人每个月的主观估计消费金额与参考点进行比较，以权衡得失。当主观估计消费金额小于或等于参考点时，此时消费者认为获得收益；反之，则认为产生损失。

消费者选择套餐的价值函数如式（4.20）所示，该式与丹尼尔·卡尼曼和阿莫斯·特韦尔斯基[27]提出的价值函数的形式略有不同。

$$v(\Delta c) = \begin{cases} (c_{rd} - c_{\text{估}})^{\alpha}, & c_{rd} \geqslant c_{\text{估}} \\ -\lambda(c_{\text{估}} - c_{rd})^{\beta}, & c_{rd} < c_{\text{估}} \end{cases} \qquad (4.20)$$

其中，$c_{\text{估}}$ 表示每个消费者每个月的主观估计消费金额；参数 α、β 分别表示收益和损失区域价值幂函数的凹凸程度，α、$\beta < 1$ 表示敏感性递减，λ 系数用来表示损失区域比收益区域更陡的特征，$\lambda > 1$ 表示损失厌恶。根据丹尼尔·卡尼曼和阿莫斯·特韦尔斯基的标定，通常取 $\alpha = \beta = 0.88$，$\lambda = 2.25$。

按照丹尼尔·卡尼曼和阿莫斯·特韦尔斯基[27]提出的决策权重函数的形式，决策权重函数及参数取值分别如下：

收益时：

$$\pi^{+}(p_{\text{收益}}) = \frac{p_{\text{收益}}^{\gamma}}{(p_{\text{收益}}^{\gamma} + (1 - p_{\text{收益}})^{\gamma})^{\frac{1}{\gamma}}} \qquad \gamma = 0.61 \qquad (4.21)$$

损失时：

$$\pi^{-}(p_{\text{损失}}) = \frac{p_{\text{损失}}^{\delta}}{(p_{\text{损失}}^{\delta} + (1 - p_{\text{损失}})^{\delta})^{\frac{1}{\delta}}} \qquad \delta = 0.69 \qquad (4.22)$$

其中关于收益和损失的概率由下列式子得到：

$$p_{收益} = \frac{某套餐中每月实际消费小于参考点的消费者样本数}{消费者样本总数} \qquad (4.23)$$

$$p_{损失} = 1 - p_{收益} \qquad (4.24)$$

最后得到前景价值函数:

$$V = \pi(p)v(\Delta c) \qquad (4.25)$$

根据式(4.25)可得到每种套餐的前景价值,最后选择前景价值最大的套餐为有限理性的消费者选择的最满意套餐。

4.3.3 算例

基于第 3 章的实证研究,本小节仍然考虑某市的某两个电信运营商针对学生市场推出四种主要套餐:动感地带网聊 15 元套餐、动感地带网聊 18 元套餐、动感地带网聊 23 元套餐和新势力畅聊 13 元套餐。

与 4.1.3 节和 4.2.3 节的算例采用的实证数据不同,本小节算例采用了调查问卷所获得的消费者的实际消费金额数据。根据实证数据可得:使用动感地带网聊 15 元套餐的消费者的实际消费金额服从正态分布:$c_a^{15} \sim N(54, 25^2)$;使用动感地带网聊 18 元套餐的消费者的实际消费金额服从正态分布:$c_a^{18} \sim N(69, 22^2)$;使用动感地带网聊 23 元套餐的消费者的实际消费金额服从正态分布:$c_a^{23} \sim N(75, 26^2)$;使用新势力畅聊 13 元套餐的消费者的实际消费金额服从正态分布:$c_a^{13} \sim N(45, 20^2)$。

依据式(4.17)至式(4.19),可得到表 4.2,表中 ρ 取值分别从 0.7 ~ 0.99,对应的参考点的取值如表 4.2 最右一列所示。

表 4. 2　　　　　　　　　　　ρ 取不同值时得到的参考点

ρ	$\Phi^{-1}(\rho)$	$c_e^k = \mu_k + \sigma_k \Phi^{-1}(\rho)$				c_{rd}
		动感地带网聊 15 元套餐	动感地带网聊 18 元套餐	动感地带网聊 23 元套餐	新势力畅聊 13 元套餐	
0.7	0.52	67	80.44	88.52	55.4	**55. 4**
0.75	0.67	70.75	3.74	92.42	58.4	**58. 4**
0.8	0.84	75	87.48	96.84	61.8	**61. 8**
0.85	1.04	80	91.88	102.04	65.8	**65. 8**
0.9	1.28	86	97.16	108.28	70.6	**70. 6**
0.95	1.64	95	105.08	117.64	77.8	**77. 8**
0.99	2.33	112.2	120.26	135.58	91.6	**91. 6**

资料来源：笔者整理。

　　由 ρ 和参考点的不同取值，根据式（4.23）和式（4.24）可得到分别选择四种套餐时收益/损失的概率，如表 4.3 所示。

　　这里首先假设 $c_{估} = 57$，根据式（4.20）及参考点的取值可得到各套餐在不同 ρ 时的前景价值 $v(\Delta c)$，见表 4.4。根据式（4.21）和式（4.22）可得到各套餐在不同 ρ 时的决策权重 $\pi^+(p)/\pi^-(p)$，如表 4.4 所示。

表 4.3　　　　　　　　ρ 取不同值时选择各套餐收益/损失的概率

ρ	选择动感地带网聊 15 元套餐收益的概率	选择动感地带网聊 15 元套餐损失的概率	选择动感地带网聊 18 元套餐收益的概率	选择动感地带网聊 18 元套餐损失的概率	选择动感地带网聊 23 元套餐收益的概率	选择动感地带网聊 23 元套餐损失的概率	选择新势力畅聊 13 元套餐收益的概率	选择新势力畅聊 13 元套餐损失的概率
0.7	0.473	0.527	0.049	0.951	0.011	0.989	0.038	0.962
0.75	0.495	0.505	0.054	0.946	0.016	0.984	0.043	0.957

ρ	选择动感地带网聊15元套餐收益的概率	选择动感地带网聊15元套餐损失的概率	选择动感地带网聊18元套餐收益的概率	选择动感地带网聊18元套餐损失的概率	选择动感地带网聊23元套餐收益的概率	选择动感地带网聊23元套餐损失的概率	选择新势力畅聊13元套餐收益的概率	选择新势力畅聊13元套餐损失的概率
0.8	0.516	0.484	0.06	0.94	0.016	0.984	0.043	0.957
0.85	0.538	0.462	0.065	0.935	0.022	0.978	0.043	0.957
0.9	0.56	0.44	0.071	0.929	0.022	0.978	0.043	0.957
0.95	0.582	0.418	0.076	0.924	0.027	0.973	0.043	0.957
0.99	0.647	0.353	0.092	0.908	0.033	0.967	0.043	0.957

资料来源：笔者整理。

表4.4 $c_{估}$ =57 时各套餐的价值函数及权重函数的计算结果

ρ	选择动感地带网聊15元套餐		选择动感地带网聊18元套餐		选择动感地带网聊23元套餐		选择新势力畅聊13元套餐	
	$v(\Delta c)$	$\pi^+(p)/\pi^-(p)$	$v(\Delta c)$	$\pi^+(p)/\pi^-(p)$	$v(\Delta c)$	$\pi^+(p)/\pi^-(p)$	$v(\Delta c)$	$\pi^+(p)/\pi^-(p)$
0.7	−3.04	0.471	−3.04	0.852	−3.04	0.942	−3.04	0.873
0.75	1.34	0.418	1.34	0.137	1.34	0.072	1.34	0.122
0.8	3.98	0.429	3.98	0.144	3.98	0.072	3.98	0.122
0.85	6.78	0.44	6.78	0.15	6.78	0.085	6.78	0.122
0.9	9.94	0.452	9.94	0.157	9.94	0.085	9.94	0.122
0.95	14.45	0.464	14.45	0.163	14.45	0.095	14.45	0.122
0.99	22.61	0.501	22.61	0.179	22.61	0.106	22.61	0.122

资料来源：笔者整理。

依据式（4.25）及表4.4中 $v(\Delta c)$、$\pi^+(p)/\pi^-(p)$ 的值可得到选择每个套餐的前景价值，如表4.5所示。从表4.5可以看出，当 $c_{估}$ =

57 时，不管 ρ 取何值，选择动感地带网聊 15 元套餐的前景价值都最大，即有限理性的电信消费者在选择套餐时，最满意的套餐是动感地带网聊 15 元套餐。

表 4.5　　　　$c_{估}=57$，ρ 取不同值时每个套餐的前景价值

ρ	c_{rd}	选择动感地带网聊 15 元套餐的前景价值	选择动感地带网聊 18 元套餐的前景价值	选择动感地带网聊 23 元套餐的前景价值	选择新势力畅聊 13 元套餐的前景价值
0.7	55.4	**−1.43**	−2.59	−2.864	−2.654
0.75	58.4	**0.56**	0.184	0.096	0.163
0.8	61.8	**1.707**	0.573	0.257	0.486
0.85	65.8	**2.983**	1.017	0.576	0.827
0.9	70.6	**4.493**	1.561	0.845	1.213
0.95	77.8	**6.705**	2.355	1.373	1.763
0.99	91.6	**11.328**	4.047	2.397	2.758

资料来源：笔者整理。

同理，改变 $c_{估}$ 的值，当 $c_{估}=37$ 时，又可分别得到的四个套餐的 $v(\Delta c)$、$\pi^+(p)/\pi^-(p)$ 及前景价值，见表 4.6、表 4.7。

表 4.6　　　　$c_{估}=37$ 时各套餐的价值函数及权重函数的计算结果

ρ	选择动感地带网聊 15 元套餐		选择动感地带网聊 18 元套餐		选择动感地带网聊 23 元套餐		选择新势力畅聊 13 元套餐	
	$v(\Delta c)$	$\dfrac{\pi^+(p)}{\pi^-(p)}$	$v(\Delta c)$	$\dfrac{\pi^+(p)}{\pi^-(p)}$	$v(\Delta c)$	$\dfrac{\pi^+(p)}{\pi^-(p)}$	$v(\Delta c)$	$\dfrac{\pi^+(p)}{\pi^-(p)}$
0.7	12.973	0.407	12.973	0.13	12.973	0.058	12.973	0.114
0.75	14.817	0.418	14.817	0.137	14.817	0.072	14.817	0.122
0.8	16.87	0.429	16.87	0.144	16.87	0.072	16.87	0.122

续表

ρ	选择动感地带网聊 15 元套餐		选择动感地带网聊 18 元套餐		选择动感地带网聊 23 元套餐		选择新势力畅聊 13 元套餐	
	$v(\Delta c)$	$\pi^+(p)/\pi^-(p)$	$v(\Delta c)$	$\pi^+(p)/\pi^-(p)$	$v(\Delta c)$	$\pi^+(p)/\pi^-(p)$	$v(\Delta c)$	$\pi^+(p)/\pi^-(p)$
0.85	19.243	0.44	19.243	0.15	19.243	0.085	19.243	0.122
0.9	22.038	0.452	22.038	0.157	22.038	0.085	22.038	0.122
0.95	26.145	0.464	26.145	0.163	26.145	0.095	26.145	0.122
0.99	33.785	0.501	33.785	0.179	33.785	0.106	33.785	0.122

资料来源：笔者整理。

表 4.7 $c_{估}=37$，ρ 取不同值时每个套餐的前景价值

ρ	c_{rd}	选择动感地带网聊 15 元套餐的前景价值	选择动感地带网聊 18 元套餐的前景价值	选择动感地带网聊 23 元套餐的前景价值	选择新势力畅聊 13 元套餐的前景价值
0.7	55.4	**5.28**	1.686	0.752	1.479
0.75	58.4	**6.194**	2.03	1.067	1.808
0.8	61.8	**7.237**	2.429	1.215	2.058
0.85	65.8	**8.467**	2.886	1.636	2.348
0.9	70.6	**9.961**	3.46	1.873	2.689
0.95	77.8	**12.131**	4.262	2.484	3.19
0.99	91.6	**16.926**	6.048	3.581	4.122

资料来源：笔者整理。

从表 4.7 可以看出，当 $c_{估}=37$ 时，不管 ρ 取何值，仍然是选择动感地带网聊 15 元套餐的前景价值最大。

综上所述，由表 4.5 和表 4.7 可以得到：即使 $c_{估}$ 取不同的值，对于四种套餐，无论 ρ 取何值，动感地带网聊 15 元套餐的前景价值均

最大，也就是基于消费者是有限理性的假设条件下，利用前景理论进行选择的结果是选择动感地带网聊 15 元套餐。

这与实际情况也基本相符，根据收回的 960 份有效问卷，实际选择动感地带网聊 15 元套餐的有 477 份，选择新势力畅聊 13 元套餐的仅有 36 份，因此可说明所提出的新的参考点设定方法的有效性。

4.4　本 章 小 结

本章首先基于传统的期望效用理论分析了完全理性的电信套餐消费者的选择行为，然后基于前景理论分析了有限理性的电信套餐消费者的选择行为，并重点提出了一种新的基于期望消费最小的设定参考点方法。最后以在校大学生选择电信套餐的问题为例，利用调查问卷所获得的数据进行验证，发现基于前景理论的分析方法得到的结果与实际更相符，说明了该方法的有效性。

第 5 章

基于改进前后的多项 logit 模型预测
电信套餐消费者的选择行为

从第 4 章的相关分析可以看出，将前景理论应用到电信套餐选择行为建模中，构建的模型能更真实地反映消费者的行为，其结果与实证调查获得的结论也更贴近。基于此，本章将开始对电信套餐消费者的选择行为进行预测研究。

从定量方法上进行消费者对消费产品的选择预测研究，可以考虑下面两种方式：一是利用传统的回归分析方法；二是借助于离散选择模型[230]（Discrete Choice Model，DCM）等计量经济模型。传统的回归分析方法通常的做法是把个体数据进行加总，以此为基础分析影响商品需求的因素，以及该需求变化的规律，适用于对消费者"总体"的产品选择行为的预测分析。而离散选择模型则是在消费者"个体"数据资料的基础上，对产品的选择行为进行预测分析。本章将基于改进前后的多项 logit 模型预测电信套餐消费者的选择行为。首先介绍离散选择模型，其次基于传统的多项 logit 模型预测完全理性的电信套餐消费者的选择行为，最后基于参考依赖模型改进多项 logit 模型来预测有限理性的电信套餐消费者的选择行为。

5.1　离散选择模型概述

离散选择模型的研究于 19 世纪 50 年代末兴起，归属于微观计量经济学的专业研究领域。该模型在经济学和其他社会科学中得到广泛的应用，因为离散选择模型能够对微观层次的个体行为进行精确定量的统计分析。丹尼尔·麦克法登（Daniel McFadden）和詹姆斯·赫克曼（James Heckman）由于他们在微观经济计量学领域所做出的贡献，获得了 2000 年度诺贝尔经济学奖。其中，丹尼尔·麦克法登的主要研究贡献就在于为离散选择模型奠定了坚实的经济理论基础。

5.1.1　离散选择模型的基本概念与假设

5.1.1.1　基本概念

回归分析是确定两种或两种以上变量间相互依赖的定量关系的一种统计分析方法，运用十分广泛，其中线性回归分析在定量分析研究中是最流行的统计分析方法之一。但在许多实际问题中，线性回归的应用会受到限制。比如，当因变量为分类变量而非连续变量时，线性回归就不再适用。而实际上，许多社会科学的观察值都属于分类变量，并且即使一些测量在理论上可以是连续变量。因此，对于因变量是离散变量（分类变量或二分变量）的情形，传统的回归分析技术就不再适用[231]。离散选择模型则是一种处理离散的、非线性的定性数据的复杂高级多元统计分析技术。

离散选择模型又被称为非集计模型（Disaggregate Model）或者品质反应模型（Qualitative Response Models），描述了消费者（个人、家庭或其他的决策单位）在不同的可供选择的选项（如竞争性的产品、行为的过程等）之间所做出的选择，是由表示选择项集合在连续变量和离散变量之间存在的差异而引起的。

logit 模型是离散选择模型的典型代表，也是迄今为止最为常用的离散选择模型，因其有简单的闭形式特征而容易估计和解释。1959 年，罗伯特·邓肯·卢斯（Robert Duncan Luce）[232] 首次对 logit 模型进行了推导；1974 年，丹尼尔·麦克法登[233] 分析了 logit 公式和效用函数误差项分布之间的关系，他证明 logit 公式是通过假设效用误差项独立同极值分布推导得到的，这种分布也称作 Gumbel 或极值 Ⅰ 型（Type Ⅰ Extreme Value）分布。而且丹尼尔·麦克法登对 logit 模型及其特性进行了完整论述，逐步形成了离散选择模型的理论体系。从此以后，离散选择模型得到了巨大发展。

丹尼尔·麦克法登等人的研究带动了美国的马文·曼海姆（Marvin Manheim）、默什·本·阿齐瓦（Moshe Ben – Akiva）和史蒂文·列尔曼（Steven Lerman）等人的研究小组将离散选择模型推向了实用化阶段[234]。默什·本·阿齐瓦和史蒂文·列尔曼[230] 利用经济学的消费者行为理论，对离散选择理论做了进一步完善，并于 1985 年出版了《Discrete Choice Analysis》一书，详细地论述了离散选择模型相关理论。

离散选择模型能够揭示出决策者的微观决策过程，这是决策活动的基础，也是该模型区别于其他分析工具的优势所在。离散选择模型包括多项 logit（Multinomial Logit，MNL）模型，广义极值（Generalization Extreme Value，GEV）模型，Probit 模型和混合 logit 模型[235]。

5.1.1.2　基本假设

离散选择模型的基本假设包括以下三个方面：

（1）决策人。离散选择中一般假设决策人是个人。

（2）选择项。要对个人的选择行为进行研究必须要了解什么被选中了，什么没有选。因此，必须对选项或选择方案做出假设，个人在它们中间做出选择，并且对包含这些选项的选项集做出定义。选项集的定义要视具体情况而定；一个离散选择集包括有限个可以明确列举出来的选项。

选择集就是所有可供选择项的集合，它必须具备三个性质：

1）互斥性：意味着选择了其中的一个选项，就不能再选择其他；

2）完备性：所有可供选择的选择项都必须包含在集合中；

3）有限性：选择集合中的选择项的数量必须是有限的；其中有限性事实上是限制性的。这一条件是离散选择模型的定义性特性，可以将离散选择模型的应用领域与回归模型的应用范围区别开来。因为回归模型其因变量多是连续的，这意味着有无限多可能的结果。

现实中的离散选择行为并不一定能够严格满足以上三个条件，但是在构建模型时，有一些常用的做法来满足条件。对于第一个条件，在可能出现多选的情况下，可以把所有可能的选项组合设为选项，例如在选择取暖热源时，如果有煤气、电、木材等选择，可以把选项设成：①煤气；②电；③木材；④煤气和电；⑤煤气和木材；⑥电和木材；⑦煤气、电和木材。对于第二个条件，一般会在选项中加入"None"选项，即不是以上选项的任何一个，这样完全可以保证其穷举性。而条件三对于绝大多数离散选择来说都是具备的。

（3）属性。选择集中的每一个选项都必须用一组属性来体现。类似于决策者的属性，研究人员必须确定可能影响个人选择的每一个选项的属性。有的属性是针对所有选项的，而有的是个别选项专有的。对属性的测度并不一定是直接可观测到的值。它有可能是观测（或可得）数据的任何一种函数。

5.1.2　离散选择模型的理论基础——随机效用最大化

离散选择模型是以随机效用最大化（Random Utility Maximization，RUM）原理为基础，在一个互相排斥但总体上完备的选项集上建立的选择模型。离散选择模型描述的是人作为主体，如何选择几个不连续的客体（选择项）的服务选择行为。离散选择模型的选择理论认为主体之所以会做出选择是因为该客体给主体带来某些效用。但是同样客体会给不同的人带来不同的效用，即使是对同一个人也会随时间、环境或其他因素的变化而不同。也就是说，作为研究者，并不能完全掌握某一个客体对某一个人的实际效用值，效用值中有一部分相对来说是不可测的。离散选择模型将效用函数中不可测的部分视为随机变量，并对包含随机因素的效用最大化的选择概率进行了理论上的推导，将其称为随机效用最大化模型。

离散选择模型通常都是在决策者效用最大化行为的假设下推导出来的。随机效用最大化模型的推导基于以下两个假设：

（1）决策者 n 将在 J 个选项中进行选择，无论他选择哪一个选项都可以获得一定的效用。决策者 n 从选项 j 中获得的效用称为 U_{nj}，$j = 1$，$\cdots$，J。

（2）由于决策者进行的是效用最大化的选择，因而行为模型为：决策者 n 选择选项 i，当且仅当 $U_{ni} > U_{nj}$，$\forall j \neq i$。

决策者 n 从选项 j 中获得的效用 $U_{nj}(j = 1，\cdots，J)$ 可以分解成两部分：

$$U_{nj} = V_{nj} + \varepsilon_{nj} \qquad (5.1)$$

其中 V_{nj} 为效用的可观测部分，又称为代表性效用（Representative Utility），既可以包括选项本身的属性，也包括决策者的个人特征，决策者可以精确测量和描述的部分，是确定项。效用的可观测部分 V_{nj} 在大多数情况下通常都表示为：

$$V_{nj} = \beta X_{nj} = \beta_0 + \beta_1 x_{nj1} + \beta_2 x_{nj2} + \cdots + \beta_k x_{njk} + \cdots + \beta_K x_{njK} \qquad (5.2)$$

其中，X_{nj} 是所观测到的变量值。向量 β 中的每个分量 β_k 是要求解的模型的参数值，反映了人们的效用对相应的 X_{nj} 变量值的敏感性。在这里隐含一个重要的假设，就是线性效用函数的假设，这主要是为了建模和求解的方便，所以被广为采用。

ε_{nj} 为效用的不可观测部分，是决策者无法预知的部分，包含难以观测到的效用和观测误差产生的影响，因而通常将其看作随机项，随机向量 ε_n 的联合密度函数为 $f(\varepsilon_n)$。

因而决策者 n 选择 i 的概率形式可表示为：

$$\begin{aligned} P_{ni} &= \text{Prob}(U_{ni} > U_{nj}, \quad \forall j \neq i) \\ &= \text{Prob}(V_{ni} + \varepsilon_{ni} > V_{nj} + \varepsilon_{nj}, \quad \forall j \neq i) \\ &= \text{Prob}(\varepsilon_{nj} - \varepsilon_{ni} < V_{ni} - V_{nj}, \quad \forall j \neq i) \end{aligned} \qquad (5.3)$$

由于概率 P_{ni} 服从累积分布，因而

$$P_{ni} = \int_{\varepsilon} I(\varepsilon_{nj} - \varepsilon_{ni} < V_{ni} - V_{nj}, \forall j \neq i) f(\varepsilon_n) d\varepsilon_n \qquad (5.4)$$

$I(\cdot)$ 表示的是指示性函数（Indicative Function），当括号内的项为真时等于 1；否则为 0。上式是关于效用不可观测部分密度函数 $f(\varepsilon_n)$ 的一个多维积分。不同的离散选择模型就是通过对这个密度函数 $f(\varepsilon_n)$ 的不同设定（服从不同的分布假设）而获得的。

如果假定 ε_n 服从互相独立的 Gumbel 分布，则是 logit 模型。相应地如果假定 ε_n 服从多元正态分布，可以得到 Probit 模型，但由于在选择方案超过 3 个情况下，Probit 模型的计算十分繁杂，因此在实际应用中更常采用操作起来比较方便的 logit 模型。

5.1.3　离散选择模型的应用研究现状

经济学界对离散选择模型的研究主要集中在以下三个方面：①如何构造与理性选择行为相一致又易于处理的概率表达式；②如何通过微观数据，主要是对决策者选择结果的观察，来估计和推断概率模型中的参数向量；③将所估计的概率选择模型运用于一定选择背景下的决策者总体的行为预测。

实际上，离散选择模型的应用十分广泛。在国外，学者丹尼尔·麦克法登[236]总结了除了主要的交通需求问题之外，还有与之相似的教育及职业的选择，消费者商品的需求，以及居住地点的选择等很多方面，这导致了在消费者和企业的选择行为中广泛采用这些研究方法。保罗·格林（Paul Green）等[237]首次系统地介绍了如何将离散选择模型中的 logit 模型运用到市场营销研究中。彼得·瓜达尼（Peter Guadagni）等[238]在市场学领域内首次使用 logit 模型对消费者品牌选择行为进行了研究，最早建立了基于参考价格的消费者品牌选择 logit 模型，利用多项 logit 模型拟合零售扫描数据研究消费者对咖啡品牌的选择。丹尼尔·麦克法登[239]对将多项 logit 模型应用到市场领域预测消费者的选择行为的研究进行了综述。布鲁斯·哈迪（Bruce Hardie）等[44]建立了包含参考价格和参考质量的消费者选择 logit 模型，以冰冻橙汁的消费数据为例检验了该模型。加里·罗素（Gary Russell）

等[240]运用嵌套 logit 模型分析消费者在商品种类的选择问题，利用多项 logit 模型分析消费者在互补、替代和独立的商品种类之间的选择问题。索尔特·桑德尔（Zsolt Sándor）等[241]运用蒙特卡罗方法和贝叶斯模型来研究在离散选择模型中消费者（反应）的异质性问题。阿苏塞纳·格雷西亚（Azucena Gracia）等[242]利用调研数据构建离散模型研究了意大利南部市场消费者对有机食品的购买选择。特里萨·布里斯（Teresa Briz）等[243]采用多项 logit 模型与 Probit 模型分析了西班牙消费者有机食品认知与购买意愿的影响因素。大卫·萨亨（David Sahn）等[244]建立了嵌套 logit 模型，研究了坦桑尼亚农村居民对不同卫生服务提供者的需求行为模式，分析了价格和质量，以及患者特征等对选择行为的影响，计算了价格弹性。西西拉·萨尔马（Sisira Sarma）[245]建立了嵌套 logit 模型，主要分析了收入、价格、距离对印度农村卫生服务需求的影响。加布雷·迈克尔·基布雷布·哈布拖姆（Gebre Michael Kibreab Habtom）等[246]建立了多项 logit 模型，分析影响选择卫生提供服务者的因素，建立了社会经济状况评价指数。彼得·邦索尔（Peter Bonsall）[247]采用意愿调查，得到了 1977 个样本，建立了嵌套 logit 模型，得出停车费用、开车时间、步行时间、出行距离对出行者的路线选择有显著影响。

　　我国对离散选择模型的研究起步较晚[235]，已有的研究也主要是将离散选择模型应用到交通、医疗卫生及市场等领域，王卫杰等[248]通过实例比较分析了关于路线选择行为的多项 logit 模型和配对组合 logit 模型。赵胜川等[249]假定时间参数为常数，费用参数服从对数正态分布，建立了出行路径选择的混合 logit 模型。罗清玉等[250]提出利用混合 logit 模型研究拥挤收费下交通方式分担率变化的思路，结合实际居民出行数据建立了基于混合 logit 的交通方式选择模型。姚丽亚等[251]按照交通方式服务对象的不同，将交通方式划分为公共交通和私人交通两类，具有类似性的出行方式归并为一个层次，采用嵌套 logit 模型的形式，利用北京市实际调查数据对模型进行标定。胡郁葱等[252]在分析影响城际轨道交通和公路客运竞争力的各因素基础上，采用 logit 模型对广州—深圳间城际轨道交通与公路客运的分担率进行研究。李志瑶等[253]建立了多项 logit 模型，采用 2003 年长春市居民日常出行调查数据，得出结论：将高峰时段的小汽车出行费用作为道路拥挤收费标准，是缓解目前交通拥挤的优选方案。王树盛等[254]在分析了 logit 模型固有的两个缺陷和混合 logit 模型的良好性质后，比较了 logit 模型与混合 logit 模型的差异，对混合 logit 模型的算法进行了研究。张娴静等[255]采用多项 logit 回归和决策树相结合的方法，研究了影响上海市嘉定区农村居民就诊单位选择的因素。白瑞等[256]将嵌套 logit 模型应用到卫生服务影响因素分析中，对我国居民就诊医疗机构选择的影响因素进行了探索分析。赵雪荣等[257]应用 logit 模型从模拟船舶实际选择路径概率出发，结合船舶的实际运行特点，建立了行之有效的航道货运量分配模型。梅虎[258]在旅客航空选择行为的研究中，以 logit 模型为基础，运用变精度粗集方法构建了基于旅客选择行为的航班选择模型和旅客舱位选择模型。王春峰等[259]依据排序 Probit 模型原理，建立价格离散选择 Probit 模型，并利用高频数据，在价格离散条件下对中国股市价格行为特征进行了考察。杨勇攀等[260]运用混合 logit 模型对消费者偏好测量进行了研究，并应用到电力供应商的选择上。葛学峰等[261]运用多项 logit 模型分析了旅游消费者在产品选择过程中，其个人特征及行为特征对某类旅游产品偏好的影响。

将离散选择模型应用到我国市场营销研究的应用文献也还是偏重于介绍离散选择模型的各种方法，并利用国外数据进行模拟研究，在我国进行实地数据收集、建立模型进行实证分析方面的研究还非常有限。黄晓兰等[10]通过手机话费价格研究介绍了离散选择模型的基本原理和操作步骤，以及采用了多项 logit 模型计算属性效用值、选择概率和模拟市场占有率，获得价格弹性曲线的方法。胡左浩等[262]运用多项 logit 模型研究消费者在选择产品过程中，其个人特征对消费者选择某个特定因素作为首选因素的影响以及相应的边际影响效果。翟刚等[263]运用 logit 模型，研究了人口统计因素如何对手机消费者品牌选择的影响。杨升荣等[264]回顾了品牌选择的离散选择模型的发展进程，并对在线渠道下消费者品牌选择进行了梳理，构建了品牌选择的多项 logit 模型，研究和鉴别了在线渠道消费者品牌选择行为的影响因素。杨升荣等[265]接着又构建了动态品牌选择的离散 logit 模型，结合指数平滑法和消费者离散选择的多项 logit 模型，对中国某网上商城的消费者实际消费行为的面板数据进行了分析，有效地识别了在线消费者品牌选择的动态忠诚度。张群等[266]首先对 logit 模型和 Probit 模型进行了比较研究，其次确定了消费者离散选择模型的评价指标，最后在零售业中使用消费者数据对评价指标进行了验证。白让让[267]从市场结构、企业能力和细分市场进入或定位的理论假设出发，基于 1999 ~ 2006 年中国轿车产业和企业的微观数据，运用文献回顾、经验观察和 logit 计量模型工具，结合本土企业与外资企业的行为比较，分析影响细分市场进入的主要因素。李清水[268]通过访谈和问卷调查方式，收集福建省若干地区农村居民对一般消费品的购买行为，用 logit 模型进行数理统计分析，针对农村居民对零售终端选择行为进行了定量研究。

本书第 3 章针对在校大学生消费群体选择套餐的行为进行了实证研究，设计了调查问卷并通过在线调查及线下调查两种方式获得相关数据。本章接下来将在实证研究基础上通过考虑消费者的特征属性及套餐的特征属性，分别建立基于多属性的传统多项 logit 模型及基于参考依赖模型改进的多项 logit 模型。将实证研究收集的数据首先通过 SPSS 软件的多项 logit 回归分析，分别得到各属性的相关估计参数，然后分别得到消费者对于每个套餐的选择概率，用来预测消费者选择套餐的行为，最后可以根据结果对改进前后的多项 logit 模型进行对比分析。

5.2　基于多项 logit 模型预测消费者的套餐选择行为

　　当消费者在选择套餐时，所面临的可供选择的套餐种类往往有很多，例如，对于在校大学生可以选择的有中国移动的动感地带相关套餐、中国联通的新势力相关套餐及中国电信的相关校园套餐等。从如此多的套餐里具体选择哪个套餐这样的决策过程即属于多项离散选择问题。因为套餐方案的种类大于三类，且套餐种类之间并无序次关系，因此本章考虑用离散选择模型中应用最广泛的多项 logit 模型来进行分析预测消费者选择套餐的行为。研究电信行业的消费者选择套餐的行为时，套餐的各个属性都会影响到消费者的选择行为，从概率的角度分析消费者的选择行为，定量分析各个属性对不同的套餐选择概率的影响程度，是离散选择模型在消费者选择行为研究中的具体应用。下面首先简单介绍一下多项 logit 模型。

5.2.1　多项 logit 模型概述

　　logit 模型以其简单的模型形式、计算的简便性受到广大研究人员的关注，得到长足的发展，从简单的二项 logit 模型扩展到多项 logit 模型。二项 logit 模型即被解释变量只有两个选择，而多项 logit 模型的被解释变量多于两个。

5.2.1.1　分布函数

logit 模型通过假设每一个 ε_{nj} 服从独立同分布（Independently Identically Distributed，IID）获得，IID 也被称为 Gumbel 分布或第一类极值（Type Ⅰ Extreme Value）分布。每个效用不可观测部分的密度函数为：

$$f(\varepsilon_{nj}) = e^{-\varepsilon_{nj}}e^{-e^{-\varepsilon_{nj}}} \tag{5.5}$$

其联合分布为：

$$F(\varepsilon_{nj}) = e^{-e^{-\varepsilon_{nj}}} \tag{5.6}$$

这一分布的方差为 $\pi^2/6$，均值不为零。但是，两个相同均值随机项的差额，其差额项的均值为零。如果 ε_{nj} 和 ε_{ni} 服从 IID，那么 $\varepsilon_{nji}^* = \varepsilon_{nj} - \varepsilon_{ni}$ 就服从 logistic 分布。

密度函数为：

$$f(\varepsilon_{nji}^*) = \frac{e^{-\varepsilon_{nji}^*}}{(1 + e^{-\varepsilon_{nji}^*})^2} \tag{5.7}$$

上式通常被用于描述多项 logit 模型。

5.2.1.2　选择概率的推导

罗伯特·邓肯·卢斯[232]告诉人们当选择项 i 在选择集合 C 中，不相关选项间的独立性（Independence from Irrelevant Alternatives，IIA）特性意味着精确的效用（Strict Utilities）w_i，其选择概率为正：

$$P_C(i) = \frac{w_i}{\sum_{j \in C} w_i} \tag{5.8}$$

丹尼尔·麦克法登[233]从计量经济学的视角研究了卢斯的模型，

并将精确的效用设定为选择项可观测变量的函数。决策者 n 选择选项 i 的概率写成一种简洁的封闭型的表达形式：

$$P_{ni} = \frac{e^{V_{ni}}}{\sum_{k \in C} e^{V_{nj}}}$$ (5.9)

上式通常被称为多项 logit 模型。

5.2.2　电信消费者选择套餐的多项 logit 预测模型的建立

5.2.2.1　效用分析

在完全理性的电信消费者选择套餐时，往往面对多个可选择套餐方案，消费者选择某个套餐作为最终方案的依据是选择这个套餐可以使自己的效用最大。

假设每个消费者都有一个套餐选择集合，包含了 J 个方案，其中 $j = 1, 2, 3, \cdots, J$。影响消费者选择的属性因素为 x_k，其中 $k = 1, 2, \cdots, K$，消费者选择某个套餐的效用为：

$$U_j = V_j + \varepsilon_j = a_j + \sum_{k=1}^{K} \beta_{jk} x_k + \varepsilon_j$$

$$j = 1, 2, 3, \cdots, J; k = 1, 2, \cdots, K$$ (5.10)

其中，V_j 为效用的可观测部分，既可以包含套餐本身的属性，也包括消费者的个人特征属性，是消费者可以精确测量和描述的部分，将其看作确定项。a_j 是一个常量，β_{jk} 表示选择第 j 个方案时，影响选择的第 k 个因素对应的参数（模型中的估计量），a_j 和 β_{jk} 的值可通过 SPSS 软件中的多项 logit 回归分析拟合得到。ε_j 为效用的不可观测部分，是消费者无法预知的部分，包含难以观测到的效用和观测误差产生的影响，将其看作随机项。

5.2.2.2　建立消费者选择套餐行为的多项 logit 预测模型

完全理性的消费者选择第 j 个套餐的概率形式可表示为：

$$P(y=j) = \text{Prob}(U_j > U_i, \quad \forall j \neq i)$$

$$= \text{Prob}(V_j + \varepsilon_j > V_i + \varepsilon_i, \quad \forall j \neq i)$$

$$= \text{Prob}(\varepsilon_i - \varepsilon_j < V_j - V_i, \quad \forall j \neq i) \qquad (5.11)$$

在建立多项 logit 模型时需要选择一个选择项作为参照类，本书假设"选择第 J 个套餐"为参照类，用 $P(y=J)$ 表示消费者选择第 J 个套餐的概率，将 $\dfrac{P(y=j)}{P(y=J)}$ 取自然对数就能得到一个线性函数，称为 logit 形式，该转换的重要性在于有许多可利用的线性回归模型的性质，logit 形式对于其参数而言是线性的，并且依赖于 x_k 的取值[269]。综上本章预测消费者选择套餐行为的多项 logit 模型可以通过以下 logit 形式描述：

$$\text{logit}(y) = \ln\left[\frac{P(y=j)}{P(y=J)}\right] = a_j + \sum_{k=1}^{K} \beta_{jk} x_k \qquad (5.12)$$

在所建多项 logit 模型中，因变量有 J 个套餐类别，多项 logit 模型中便有 $J-1$ 个 logit。在多项 logit 模型中，不仅有 $J-1$ 个截距，而且有 $J-1$ 套斜率系数估计对应于同一套自变量。这就是式（5.12）中 β_{jk} 有两个下标的原因，下标 j 标志不同的 logit，下标 k 标志不同的自变量。在有 J 个套餐类别的多项 logit 模型中，$J-1$ 个 logit 可表述如下：

$$\ln\left[\frac{P(y=1)}{P(y=J)}\right] = a_1 + \sum_{k=1}^{K} \beta_{1k} x_k \qquad (5.13)$$

$$\ln\left[\frac{P(y=2)}{P(y=J)}\right] = a_2 + \sum_{k=1}^{K} \beta_{2k} x_k \qquad (5.14)$$

…

$$\ln\left[\frac{P(y=(J-1))}{P(y=J)}\right] = a_{(J-1)} + \sum_{k=1}^{K}\beta_{(J-1)k}x_k \qquad (5.15)$$

式 (5.13) 至式 (5.15) 中,α_j 和 $\beta_j(j=1,2,\cdots,J-1)$ 的值可以通过 SPSS 软件中的多项 logit 回归得到。因为

$$P(y=1) + P(y=2) + \cdots + P(y=J) = 1 \qquad (5.16)$$

所以:

$$
\begin{aligned}
& P(y=1) + P(y=2) + \cdots + P(y=J) \\
& = P(y=J)\left(1 + \sum_{j=1}^{J-1} e^{\alpha_j + \sum_{k=1}^{K}\beta_{jk}x_k}\right) \\
& = 1 \qquad\qquad\qquad\qquad\qquad\qquad\qquad (5.17)
\end{aligned}
$$

那么选择某类套餐的概率便可以通过下列公式计算:

$$P(y=J) = \frac{1}{1 + \sum_{j=1}^{J-1} e^{\alpha_j + \sum_{k=1}^{K}\beta_{jk}x_k}} \qquad (5.18)$$

$$P(y=J-1) = \frac{e^{\alpha_{J-1} + \sum_{k=1}^{K}\beta_{(J-1)k}x_k}}{1 + \sum_{j=1}^{J-1} e^{\alpha_j + \sum_{k=1}^{K}\beta_{jk}x_k}} \qquad (5.19)$$

$$\cdots$$

$$P(y=1) = \frac{e^{\alpha_1 + \sum_{k=1}^{K}\beta_{1k}x_k}}{1 + \sum_{j=1}^{J-1} e^{\alpha_j + \sum_{k=1}^{K}\beta_{jk}x_k}} \qquad (5.20)$$

总之,对于 J 个可选套餐,选择第 j 类套餐的概率可以由式 (5.21) 进行预测:

$$P(y=j) = \frac{e^{\alpha_j + \sum_{k=1}^{K}\beta_{jk}x_k}}{1 + \sum_{j=1}^{J-1} e^{\alpha_j + \sum_{k=1}^{K}\beta_{jk}x_k}} \qquad (5.21)$$

5.2.3　实证分析

5.2.3.1　实证描述

基于文献综述与已有研究的分析，该实证分析将影响大学生消费群体选择套餐的行为的因素分为两个方面：大学生消费群体特征因素和套餐属性因素。每个方面因素又包括了若干具体指标，如图 5.1 所示。

因此，调查问卷中在校大学生消费群体特征因素包括性别、年级、家乡所在城市、生活费及手机实际费用 5 个方面；问卷中还以套餐的 5 个主要属性因素（市话时长、长途时长、短信数量、上网时长及上网流量等）作为消费者选择套餐时考虑的主要因素选项让被调查者选择。本章将根据收回的某城市在校大学生群体选择套餐的 960 份有效调查问卷所获得的数据进行实证分析。

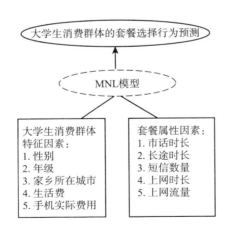

图 5.1　影响大学生选择套餐因素的构成

表 5.1 给出了将本章所建多项 logit 预测模型应用到该实证研究中的因变量及自变量的表示符号及赋值等。

表 5.1　　　　　　　　　　　变量的符号表示及赋值

变量类型	变量名称	变量表示	变量赋值
因变量	选择哪类套餐	y	1 = 动感地带网聊 15 元套餐，2 = 动感地带网聊 18 元套餐，3 = 动感地带网聊 23 元套餐，4 = 动感地带音乐 15 元套餐校园版，5 = 动感地带音乐 20 元套餐校园版，6 = 动感地带音乐 25 元套餐校园版，7 = 动感地带音乐 15 元套餐标准版，8 = 动感地带音乐 20 元套餐标准版，9 = 动感地带音乐 25 元套餐标准版，10 = 新势力畅聊 13 元套餐，11 = 新势力畅聊 18 元套餐，12 = 新势力畅聊 23 元套餐，13 = 新势力 QQ 卡，14 = 高校浪漫套餐 II，15 = 高校浪漫套餐 III，16 = 电信校园套餐聊天版，17 = 电信校园套餐音乐版，18 = 电信校园套餐上网版，19 = 电信冀机通套餐（大学版），20 = 未使用校园套餐
自变量	性别	x_1	1 = 男，2 = 女
	年级	x_2	1 = 大一、大二，2 = 大三、大四，3 = 硕士生，4 = 博士生
	家乡所在城市	x_3	1 = 学校所在城市，2 = 学校所在省内其他城市，3 = 其他
	生活费	x_4	1 = 600 元以下，2 = 600 ~ 900 元，3 = 900 ~ 1200 元，4 = 1200 ~ 1500 元，5 = 1500 元以上
	手机实际费用	x_5	1 = 20 元以下，2 = 20 ~ 35 元，3 = 35 ~ 50 元，4 = 50 ~ 100 元，5 = 100 元以上
	市话时长	x_6	1 = 50 分钟以下，2 = 50 ~ 100 分钟，3 = 100 ~ 200 分钟，4 = 200 分钟以上
	长途时长	x_7	1 = 20 分钟以下，2 = 20 ~ 50 分钟，3 = 50 ~ 80 分钟，4 = 80 分钟以上
	短信数量	x_8	1 = 100 条以下，2 = 100 ~ 200 条，3 = 200 ~ 300 条，4 = 300 ~ 500 条，5 = 500 条以上
	上网时间	x_9	1 = 不用手机上网，2 = 2 小时以下，3 = 2 ~ 6 小时，4 = 6 小时以上
	上网流量	x_{10}	1 = 5M 以下，2 = 5 ~ 10M，3 = 10 ~ 30M，4 = 30M 以上

5.2.3.2　基于 SPSS 软件进行的多项 logit 回归

利用软件 SPSS 对收回的 960 份有效调查问卷所获得的数据进行多项 logit 回归分析。在 SPSS 软件中，专门用来进行多项 logit 回归分析的工具栏为：【分析（Analyze）】 – >【回归（Regression）】 – >【多项 Logistic 回归（Multinomial Logistic regression）】，可以得到 SPSS 中进行多项 logit 回归的主对话框见图 5.2。

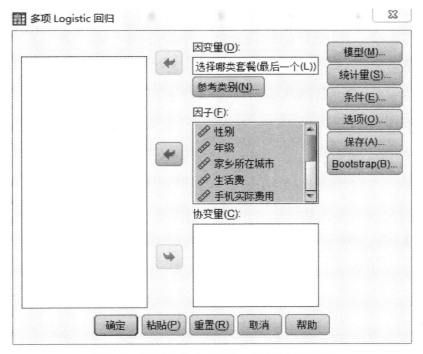

图 5.2　SPSS 软件中多项 logit 回归主对话框

由于本研究中 10 个自变量均是分类自变量，所以图 5.2 中将 10 个自变量全部选入 "因子" 框，SPSS 会自动为它们生成虚拟变量。因为分类自变量的各分类根本没有定量关系，不能像连续自变量的情形那样，分析自变量变化一个单位时，因变量的平均变化。虚拟变量则是一种对分类变量进行重新编码从而让它们能在回归方程中作为自变量的方式。

本实例中，在利用 SPSS 软件进行多项 logit 回归时，采用软件系统默认设置，将因变量所包含的 20 个套餐类的最后一类作为参照类，即可分别得到 19 个 logit。在 SPSS 的多项 logit 回归"输出"中对于 19 个 logit 可以相应得到 19 个参数估计表。表 5.2 表示的是得到的第一个 logit 的参数估计表，B 列数据即得到的 a_1 和 β_{1k} 的估计值。

根据式（5.12）及表 5.2 中的 B 列数据即可得到第一个 logit 的具体表达形式，如式（5.22）所示。式（5.22）中（$x_1 = 1$）指当"性别"这一分类变量取值为 1 时，括号内取值为 1，反之为 0，其他依此类推。

类似于表 5.2，同理可得到另外 18 个 logit 形式的参数估计表，因此就可以分别得到当 $j = 2$，3，$\cdots$，19 时 $a_j + \sum_{k=1}^{10} \beta_{jk} x_k$ 的表达式。

表 5.2   SPSS 软件进行多项 logit 回归分析得到的部分估计参数值

选择哪类套餐	B	标准误	Wald	df	显著水平	Exp（B）	Exp（B）的置信区间95%	
							下限	上限
	0.069	0.937	0.005	1	0.941			
	− 0.453	0.293	2.389	1	0.122	0.636	0.358	1.129
	0			0				
	0.716	0.532	1.810	1	0.179	2.046	0.721	5.802
	0.507	0.538	0.888	1	0.346	1.660	0.578	4.766
	− 0.018	0.543	0.001	1	0.974	0.982	0.339	2.846
	0			0				

续表

选择哪类套餐	B	标准误	Wald	df	显著水平	Exp(B)	Exp(B) 的置信区间95% 下限	上限
选择动感地带网聊套餐15 截距	−0.908	0.403	5.064	1	0.024	0.403	0.183	0.889
	0.087	0.347	0.062	1	0.803	1.091	0.553	2.152
[性别=1]	0			0				
[性别=2]								
[年级=1]	1.484	0.808	3.372	1	0.066	4.412	0.905	21.514
[年级=2]	1.435	0.771	3.459	1	0.063	4.198	0.926	19.037
[年级=3]	1.619	0.763	4.508	1	0.034	5.050	1.133	22.517
[年级=4]								
[家乡所在城市=1]	0.307	0.800	0.147	1	0.701	1.359	0.283	6.520
[家乡所在城市=2]								
[家乡所在城市=3]	0			0				
[生活费=1]								
[生活费=2]	0.093	0.680	0.019	1	0.891	1.098	0.290	4.158
[生活费=3]	0.371	0.584	0.404	1	0.525	1.449	0.462	4.551
[生活费=4]								
[生活费=5]	0.323	0.515	0.393	1	0.531	1.381	0.503	3.788
[手机实际费用=1]	0.822	0.492	2.797	1	0.094	2.275	0.868	5.963
[手机实际费用=2]								
[手机实际费用=3]	0			0				
[手机实际费用=4]								
[手机实际费用=5]	0.762	0.512	2.219	1	0.136	2.143	0.786	5.842
[市话时长=1]	0.377	0.487	0.600	1	0.439	1.458	0.561	3.786
[市话时长=2]	0.076	0.518	0.022	1	0.883	1.079	0.391	2.980
[市话时长=3]								
[市话时长=4]	0			0				
[长途时长=1]								
[长途时长=2]	0.407	0.433	0.884	1	0.347	1.503	0.643	3.513
[长途时长=3]	0.948	0.440	4.642	1	0.031	2.582	1.089	6.118
[长途时长=4]								
[短信数量=1]	0.131	0.429	0.093	1	0.761	1.140	0.492	2.642
[短信数量=2]								
[短信数量=3]	0			0				
[短信数量=4]								
[短信数量=5]	−1.256	0.796	2.487	1	0.115	0.285	0.060	1.357
[上网时间=1]	−0.921	0.825	1.247	1	0.264	0.398	0.079	2.005
[上网时间=2]	−0.623	0.883	0.497	1	0.481	0.536	0.095	3.030
[上网时间=3]	−0.466	0.921	0.256	1	0.613	0.628	0.103	3.814
[上网时间=4]	0			0				

续表

选择哪类套餐	B	标准误	Wald	df	显著水平	Exp(B)	Exp(B) 的置信区间95%	
							下限	上限
	−0. 270	0. 641	0. 177	1	0. 674	0. 764	0. 218	2. 681
	−0. 089	0. 447	0. 040	1	0. 842	0. 915	0. 381	2. 195
[上网流量 =1]	0. 224	0. 456	0. 287	1	0. 592	1. 276	0. 523	3. 118
[上网流量 =2]	0			0				
[上网流量 =3]	0. 368	0. 514	0. 512	1	0. 474	1. 445	0. 528	3. 957
[上网流量 =4]	0. 376	0. 507	0. 550	1	0. 458	1. 456	0. 540	3. 930
	0. 830	0. 395	4. 419	1	0. 036	2. 293	1. 058	4. 971
	0			0				

注：Wald 一列的值表示 Wald 统计量的值，Wald 统计量用来检验参数的显著性；df 表示自由度。

$$\ln\left[\frac{P(y=1)}{P(y=20)}\right] = a_1 + \sum_{k=1}^{10} \beta_{1k}x_k$$

$$= 0.69 - 0.453(x_1 = 1)$$

$$+ 0.716(x_2 = 1) + 0.507(x_2 = 2) - 0.018(x_2 = 3)$$

$$- 0.908(x_3 = 1) + 0.087(x_3 = 2) + 1.484(x_4 = 1)$$

$$+ 1.435(x_4 = 2) + 1.619(x_4 = 3) + 0.307(x_4 = 4)$$

$$+ 0.093(x_5 = 1) + 0.371(x_5 = 2) + 0.323(x_5 = 3)$$

$$+ 0.822(x_5 = 4) + 0.762(x_6 = 1) + 0.377(x_6 = 2)$$

$$+ 0.076(x_6 = 3) + 0.407(x_7 = 1) + 0.948(x_7 = 2)$$

$$+ 0.131(x_7 = 3) - 1.256(x_8 = 1) - 0.921(x_8 = 2)$$

$$- 0.623(x_8 = 3) - 0.466(x_8 = 4) - 0.27(x_9 = 1)$$

$$- 0.089(x_9 = 2) + 0.244(x_9 = 3) + 0.368(x_{10} = 1)$$

$$+ 0.376(x_{10} = 2) + 0.83(x_{10} = 3) \tag{5.22}$$

最后消费者只需要对 10 个自变量分别取值，根据式（5.23）就可以得到选择被选作参照类的最后一个套餐选择方案的概率。

$$P(y = 20) = \frac{1}{1 + \sum\limits_{j=1}^{19} e^{\alpha_j + \sum\limits_{k=1}^{10} \beta_{jk} x_k}} \qquad (5.23)$$

根据式（5.24）当 j 取不同值时，就可以分别得到选择其他 19 个套餐方案的概率。选择概率值最大的套餐方案即为预测的消费者的选择套餐。

$$P(y = j) = \frac{e^{\alpha_j + \sum\limits_{k=1}^{10} \beta_{jk} x_k}}{1 + \sum\limits_{j=1}^{19} e^{\alpha_j + \sum\limits_{k=1}^{10} \beta_{jk} x_k}} \qquad (5.24)$$

5.2.3.3　参数估计

目前很多软件都可以实现对多项 logit 模型中的参数进行估计，如 SPSS、Stata 等。本书使用 SPSS 软件对所建多项 logit 模型中的参数 β_{jk} 进行了参数估计。SPSS 软件对参数 β_{jk} 采用最大似然估计法（Maximum Likelihood Estimation，MLE）进行估计。

最大似然估计法是一种迭代算法，它以一个预测估计值作为参数的初始值，根据算法确定能增大对数似然值的参数的方向和变动。估计了该初始函数后，对残差进行检验并用改进的函数进行重新估计，直到收敛为止（即对数似然不再显著变化）。

与最小二乘法相比，最大似然估计法既可以用于线性模型，也可以用于更为复杂的非线性估计，由于 logit 回归是非线性模型，因此采用最大似然估计法进行估计。图 5.3 描述了所建多项 logit 模型的参数估计流程。表 5.2 中的 B 列数据即所估计的参数值便是按照这样的流程利用 SPSS 软件估计出来的。

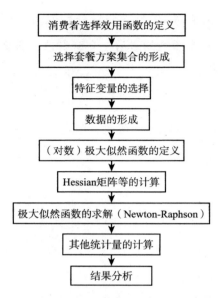

图 5.3　多项 logit 模型的参数估计流程

5. 2. 3. 4　模型检验

模型估计完成以后，需要评价模型如何有效地描述反映变量及模型匹配观测数据的程度。如果模型的预测值能够与对应的观测值有较高的一致性，就认为所建模型较好的拟合数据。否则，将不能接受所建模型（见表 5.3）。

表 5.3　　　　　　　　　　　模型拟合信息

模型	模型拟合标准		似然比检验	
	－2 倍对数似然值	卡方	df	显著水平
仅截距	67. 153			
最终	42. 137	837. 408	570	0. 000

因为 -2 倍对数似然值（ -2 Log Likelihood， -2LL）近似服从卡方分布且在数学上更为方便，所以 -2LL 可用于检验 logit 回归的显著性。 -2LL 反映了在模型中包括了所有自变量后的误差，用于处理因变量无法解释的变动部分的显著性问题，又称为拟合劣度卡方统计量（Badness-of-fir Chi-square）。

表 5.3 为总模型的似然比检验结果，可见最终模型和只含有常数项的无效模型相比，偏差从 67.153 下降到了 42.137，似然比卡方检验结果 $P<0.01$，说明至少有一个自变量系数不为 0，模型有意义。

本书所建模型的拟合优度结果见表 5.4。

表 5.4   拟合优度

	卡方	df	显著水平
Pearson	15.637	16910	0.000
偏差	10.091	16910	0.000

皮尔逊 χ^2（Pearson chi-square）可以用来通过比较模型预测的和观测的事件发生和不发生的频数检验模型成立的假设。χ^2 统计量小意味着预测值和观测值之间没有显著差别，表示所建模型很好的拟合了数据。偏差（Deviance）通过似然函数测量所设模型与饱和模型之间的差异程度，偏差值越小，表示所设模型拟合越好。

5.3　基于参考依赖改进多项 logit 模型预测消费者的选择行为

传统的多项 logit 模型假设消费者是完全理性的，但现实生活中，消费者往往是有限理性的。在研究有限理性的消费者的选择行为上，已有研究主要从参考点、损失规避效应等方面展开。已有的基于参考点的消费者选择行为研究成果和模型大多是基于单一价格属性参考点（参考价格）的研究，而除价格因素外，还有其他因素也是消费者做出购买决定时通常不能忽视的因素。也就是说，由于参考点的影响，消费者在多个属性都可能受到参考效应以及损失规避效应的作用，从而使其选择行为变得更为复杂。在同时考虑超过两个属性的有关参考效应和损失规避的消费者选择行为的研究在国外不多，在国内更是寥寥无几。

在多属性参考点的消费者选择行为研究方面，布鲁斯·哈迪等[44]建立了包含参考价格和参考质量两个属性的消费者选择模型。本书将在哈迪等的研究基础上，同时考虑套餐的多个属性及其参考点的前提下，借鉴参考依赖模型改进传统的多项 logit 模型，预测有限理性的消费者选择套餐的行为。并利用某电信运营商的消费者的实际数据，进一步验证改进新模型的有效性。

5.3.1　基于参考依赖改进的多项 logit 模型的建立

对于多属性产品选择，消费者一般要综合多个属性的因素进行综合权衡。本书在布鲁斯·哈迪等的研究基础上，建立了基于多属性参考点的有限理性的消费者选择套餐行为的预测模型。根据参考依赖模型和布鲁斯·哈迪等的研究成果，本节将改进传统的多项 logit 模型来预测有限理性的消费者选择套餐的行为。

首先将影响消费者选择套餐的主要套餐属性归纳如图 5.4 所示。

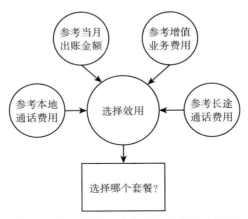

图 5. 4　基于参考依赖的消费者选择套餐的主要影响属性

根据传统的消费者选择模型，消费者的选择效用主要受当月绝对出账金额、通话费用及增值业务费用等影响，即

$$U_j = a_j + \beta_{jk}x_{jk} + \varepsilon_j \tag{5.25}$$

本节中有关变量的含义如下：

j：消费者选择的套餐，$j = 1$，$\cdots$，J；

k：影响消费者选择套餐的属性，$k = 1$，$\cdots$，K；

U_j：未考虑参考点时选择套餐 j 对消费者的效用；

U_{rj}：考虑参考点后选择套餐 j 对消费者的效用；

a_j：未考虑参考点时回归分析得到的常量；

a_{rj}：考虑参考点后回归分析时得到的常量；

β_{jk}：未考虑参考点时影响选择套餐 j 的第 k 个属性的参数值；

β_{rjk}：考虑参考点后影响选择套餐 j 的第 k 个属性的参数值；

x_{jk}：未考虑参考点时影响选择套餐 j 的第 k 个属性的值；

rx_k：第 k 个属性的参考点；

$Gain(x_{jk})$：考虑参考点后选择套餐 j 时第 k 个属性的收益值；

$Loss(x_{jk})$：考虑参考点后选择套餐 j 时第 k 个属性的损失值；

λ_k：考虑参考点后第 k 个属性的损失规避常数，且 $\lambda_k > 0$；

ε_j：未考虑参考点时的随机误差；

ε_{rj}：考虑参考点后的随机误差。

根据图 5.3，消费者的选择并非受当月绝对出账金额、通话费用及增值业务费用等几个属性的影响，而是受各个属性的参考点的影响，相应的消费者选择效用应符合下列式子：

$$U_{rj} = a_{rj} + \beta_{rjk}(x_{jk} - rx_k) + \varepsilon_{rj}$$
$$= a_{rj} + \beta_{rjk}(Gain(x_{jk}) + \lambda_k Loss(x_{jk})) + \varepsilon_{rj} \qquad (5.26)$$

在考虑参考点的情况下，消费者选择套餐 j 的概率由 $P_r(y = j)$ 表示。在传统的多项 logit 模型基础上，得到考虑参考效应的消费者选择套餐的 logit 形式，如式（5.27）所示：

$$\text{logit}(y)_{rj} = \ln\left[\frac{P_r(y=j)}{P_r(y=J)}\right]$$
$$= a_{rj} + \beta_{rjk}(Gain(x_{jk}) + \lambda_k Loss(x_{jk})) \qquad (5.27)$$

参照 5.2.2.2 节可得：

$$P_r(y = j) = \frac{e^{\text{logit}(y)_{rj}}}{1 + \sum_{i=1}^{J-1} e^{\text{logit}(y)_{ri}}} \qquad (5.28)$$

综上所述，对于 J 个可选套餐，当同时考虑多属性的参考效应时，有限理性的消费者选择第 j 类套餐的概率可以由式（5.28）进行预测。

5.3.2 算例设计

对改进前后的多项 logit 模型进行统计推断，需要取得的变量统计资料包括当月出账金额、本地通话费用、长途通话费用、增值业务费用和这些属性的参考点，以及消费者的套餐选择情况等。因此，本书对某市某电信运营商中选择不同商务套餐的 1610 个消费者的实际消费等相关数据进行了统计分析。

表 5.5 给出了将本章所建改进多项 logit 预测模型应用到该实证研究中的因变量及自变量的表示符号及赋值等。

对参考点的设定本书则分别采用了两种方式：各个属性的平均值和中位数。平均数能够反映一组数据的集中趋势；中位数是样本数据所占频率的等分线，不受少数几个极端值的影响，有时用中位数代表全体数据的一般水平更合适。本书采用两种不同的参考点设定方法，对比分析哪种方法更适合本研究，以期对同类问题的研究提供参考依据。

在前景理论中，丹尼尔·卡尼曼和阿莫斯·特韦尔斯基通过试验得到反映损失规避程度的 λ 值为 2.25[27]，本书分别对 λ 值为 2、2.25、3、4、5 和 6 六种情况进行了分析，λ 值越大，表示消费者对损失的规避程度越大。

表5.5   变量的符号表示及赋值

变量类型	变量说明	变量表示	变量赋值
因变量	选择哪类商务套餐	y	1＝本地长市商旅 89 元套餐，2＝本地长市商旅 129 元套餐，3＝本地长市商旅 189 元套餐，4＝本地长市商旅 589 元套餐，5＝商务领航通信版 38 元套餐，6＝商务领航通信版 58 元套餐，7＝商务领航通信版 88 元套餐，8＝商务领航通信版 118 元套餐，9＝商务领航旺铺加盟 10 元套餐，10＝商务领航旺铺加盟 15 元套餐，11＝商务领航旺铺加盟 38 元套餐，12＝商务领航旺铺加盟 58 元套餐，13＝商务领航旺铺加盟 88 元套餐，14＝商务领航旺铺加盟 118 元套餐，15＝省内商旅 89 元套餐，16＝省内商旅 129 元套餐，17＝省内商旅 189 元套餐，18＝省内商旅 289 元套餐，19＝新商旅 69 元套餐，20＝新商旅 89 元套餐，21＝新商旅 129 元套餐，22＝新商旅 189 元套餐，23＝新商旅 289 元套餐，24＝新商旅 389 元套餐，25＝新商旅 589 元套餐

变量类型	变量说明	变量表示	变量赋值
自变量	各属性值	x_1	当月出账金额
		x_2	当月本地通话费用
		x_3	当月长途通话费用
		x_4	当月增值业务费用
	各属性与相应参考点的差值	x_5	当月出账金额 – 当月出账金额参考点
		x_6	当月本地通话费用 – 当月本地通话费用参考点
		x_7	当月长途通话费用 – 当月长途通话费用参考点
		x_8	当月增值业务费用 – 当月增值业务费用参考点

5.3.3 改进前多项 logit 模型预测结果与实际的比较

首先利用 Excel 对所获得的 1610 条数据进行预处理，然后使用软件 SPSS 可以分别对上述数据进行改进前后的多项 logit 回归分析[270]，得到各参数的估计值。最后利用式（5.21）可求得完全理性的消费者选择套餐的行为预测概率，将预测的消费者选择各套餐的概率结果与实际消费者选择各套餐的概率进行比较，见图 5.5。

图 5.5 中横坐标表示商务人士消费者可选择的 25 个商务套餐，纵坐标表示商务人士消费者选择套餐的实际概率或预测概率。从图 5.5 可以看出改进前的多项 logit 模型得到的预测结果与实际情况还是有较大差别的，即假设消费者是完全理性的预测结果与实际有较大差别。

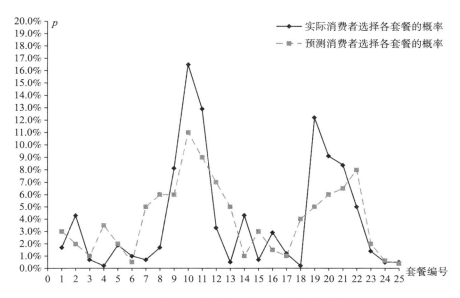

图 5.5　利用改进前的多项 logit 模型得到的

预测结果与实际选择概率的比较

5.3.4　基于参考依赖改进的多项 logit 模型预测结果比较

同样，利用式（5.28）可求得有限理性的消费者选择套餐的行为预测概率。分别得到当参考点和 λ 取不同值时的预测情况，结果如图 5.6 ~ 图 5.11 所示。同图 5.5，图 5.6 ~ 图 5.11 中横坐标仍然表示消费者选择的 25 个商务套餐，纵坐标仍然表示商务人士消费者选择套餐的实际概率或预测概率。

图 5.6 表示当 $\lambda = 2$ 时，参考点的设定分别采取各属性的中位数及平均数的方法，利用改进后的多项 logit 模型得到的消费者选择套餐的预测概率与实际消费者的选择情况的比较。首先从图 5.6 中可以看

出选择中位数作为参考点的预测结果与实际更相符，整体上要优于选择平均值作为参考点的预测结果。其次与图 5.5 比较，可以看出改进后的多项 logit 模型得到的预测结果要明显优于改进前的多项 logit 模型得到的预测结果，可见改进模型的有效性。

图 5.7 ~ 图 5.11 表示了分别选择两种不同的参考点设定方法，当 λ 取值为 2.25、3、4、5 和 6 时得到的预测结果与实际选择概率的比较图。

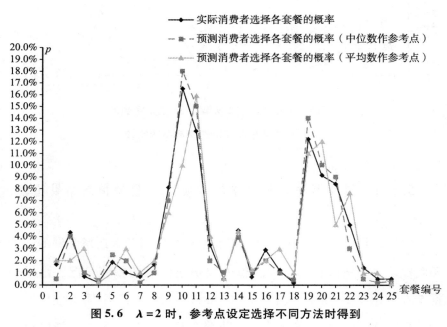

图 5.6　$\lambda = 2$ 时，参考点设定选择不同方法时得到
的预测结果与实际选择概率的比较

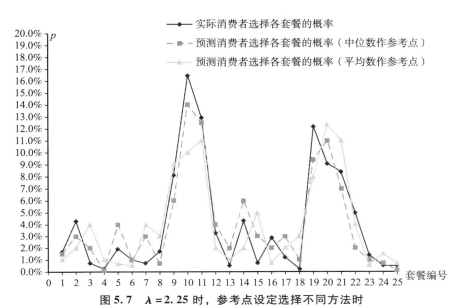

图 5.7　λ = 2.25 时，参考点设定选择不同方法时

得到的预测结果与实际选择概率的比较

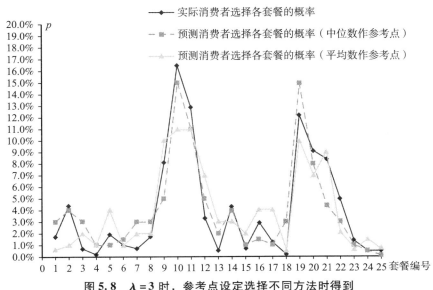

图 5.8　λ = 3 时，参考点设定选择不同方法时得到

的预测结果与实际选择概率的比较

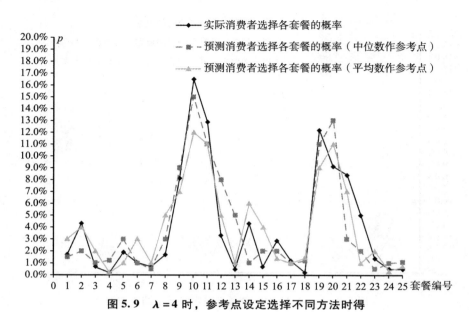

图 5.9　λ=4 时，参考点设定选择不同方法时得
到的预测结果与实际选择概率的比较

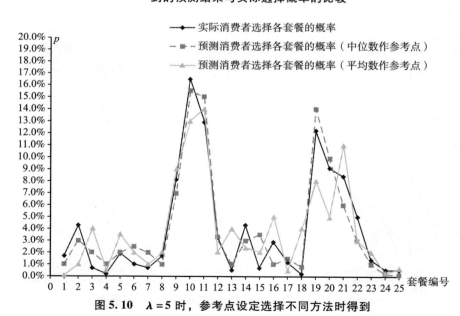

图 5.10　λ=5 时，参考点设定选择不同方法时得到
的预测结果与实际选择概率的比较

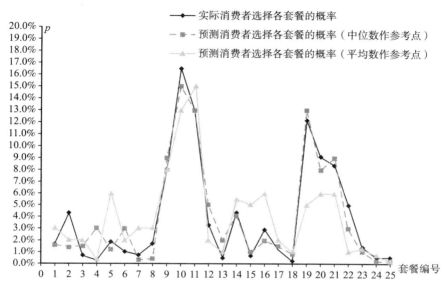

图 5.11　λ = 6 时，参考点设定选择不同方法时得到
的预测结果与实际选择概率的比较

5.3.5　算例比较小结

从图 5.6 ~ 图 5.11 可以得到如下结论：

（1）无论采取哪种参考点设定方法，考虑参考依赖的改进多项
logit 模型的预测结果都优于传统的多项 logit 模型的预测结果，可见改
进模型的有效性，同时也说明假设电信套餐消费者是有限理性的更符
合实际情况。

（2）对于本实例，无论 λ 取何值，选择中位数作为参考点的预测
结果总是优于选择平均值作为参考点的预测结果，说明选择中位数作
为参考点更加合适，由此也说明了用中位数代表全体数据的一般水平

更合适。

（3）当 $\lambda = 2$ 时，无论采取哪种参考点设定方法，预测结果都相对比较好。丹尼尔·卡尼曼和阿莫斯·特韦尔斯基通过试验得到 $\lambda = 2.25$，该值反映了当时当地人们对于损失的规避程度。本节得到的结果说明 $\lambda = 2$ 比 $\lambda = 2.25$ 更适合中国电信套餐消费者的实际情况，可见中国消费者对损失的规避程度要低。

5.4　本章小结

本章首先同时考虑消费者的特征属性及套餐的特征属性，建立了消费者选择电信套餐行为的多项 logit 预测模型，得到消费者选择每种套餐的概率，从而预测了消费者选择套餐的行为。然后在考虑套餐的多个属性及其参考点的前提下，借鉴参考依赖模型对多项 logit 模型进行了改进，用来预测有限理性的电信套餐消费者的选择行为。最后在实例分析中，对改进前后的两个模型利用某电信运营商的商务消费者的实际数据，通过 SPSS 软件分别进行回归分析，所得结果显示考虑参考依赖效应的改进多项 logit 模型的预测结果优于传统的多项 logit 回归模型的预测结果，进一步验证了改进后新模型的有效性。

本研究不仅对指导电信运营商制定关于套餐的市场营销策略有指导意义，而且对我国理论界运用多项 logit 模型也有积极的促进作用。

但是在多项 logit 模型中，各个选择项的随机部分假设服从 IID，因此得到了多项 logit 模型的 IIA 特性。在实际电信套餐消费者选择行为中，不是所有问题都能满足 IIA 假设，所以有必要利用其他离散选择模型来预测不满足 IIA 假设的电信套餐消费者的选择行为问题。在其他的离散选择模型中，嵌套 logit（Nested Logit，NL）模型能够避免在多项 logit 模型中存在的 IIA 假设缺陷。因此，下一章将利用嵌套 logit 模型来预测电信套餐消费者的选择行为。

第 6 章

基于改进前后的嵌套 logit 模型预测
电信套餐消费者的选择行为

多项 logit 模型由于其简单的模型形式、计算的简便性得到广泛应用，但多项 logit 模型有其内在的缺陷，最明显的就是 IIA 特性，此特性隐含引入新的套餐会对其他套餐产生相同的影响，极可能导致预测结果的不准确。其他离散选择模型的发展很大程度上都是为了避免在多项 logit 模型中存在的 IIA 假设。广义极值（Generalization Extreme Value，GEV）模型家族因此应运而生，该模型家族的共性在于所有选择项的效用不可观测部分服从于广义极值的联合分布，这一分布允许选项间存在相关性。而在 GEV 模型家族中，使用得最为广泛的模型便是嵌套 logit 模型。当电信套餐之间互相不独立，具有相关关系时，不能满足 IIA 假设，从而不宜利用多项 logit 模型来预测电信套餐消费者的选择行为。嵌套 logit 模型用其独特的建模思想把套餐选择集合分成若干个子集，把有相关关系的套餐选项引入同一子集，把有相关关系的子集继续引入同一上层子集，直到子集之间没有相关性，从而成功摆脱 IIA 假设的束缚。

本章将首先介绍嵌套 logit 模型，然后将其应用于预测完全理性的电信套餐消费者的选择行为问题研究中，最后基于参考依赖模型改进嵌套 logit 模型，以便预测有限理性的电信套餐消费者的选择行为。

6.1　嵌套 logit 模型概述

GEV 模型的发展很大程度上是为了避免在多项 logit 模型中存在的 IIA 假设。而在 GEV 模型家族中，使用最为广泛的模型则是嵌套 logit 模型。因此本节将首先利用嵌套 logit 模型来预测完全理性的消费者的套餐选择行为。

在介绍嵌套 logit 模型前首先解释一下 IIA 特性。

6.1.1　IIA 特性

在多项 logit 模型中，两个选项的选择概率的比为：

$$\frac{P_i}{P_j} = \frac{\dfrac{e^{V_i}}{\sum_{k=1}^{K} e^{V_k}}}{\dfrac{e^{V_j}}{\sum_{k=1}^{K} e^{V_k}}} = \frac{e^{V_i}}{e^{V_j}} = e^{V_i - V_j} \tag{6.1}$$

从式（6.1）可以看出，这个比值只与 i 和 j 有关，独立于选择集中的其他任何选项。换个角度分析，当选择集中新增加或减少一个选项后，虽然上式的分子和分母的具体的概率值都发生了变化，但是比值不会改变，即概率增减变化的比例是相同的，这就是 IIA 特性。IIA 特性还经常被表述为模型某个自变量对各选项的交叉弹性相等，或各选项都有相同的替代率。多项 logit 模型的 IIA 特性正是源于对随机项服从 IID 的假设。

然而，雨宫健（Takeshi Amemiya）[271] 证实 IIA 假设在许多研究领域是不成立的。一个经典的例子就是约翰·奇普曼（John Chipman）和杰拉德·德布鲁（Gérard Debreu）提出的"蓝巴士/红巴士悖论"（Blue Bus/Red Bus Paradox）。

假设某外出者仅有私家车和蓝色巴士两种交通工具选择，且从这两种交通工具获得的效用相等。记私家车的选择概率为 P_c，蓝巴士为 P_{bb}，可以得到 $P_c = P_{bb} = 1/2$，$P_c/P_{bb} = 1$。现假设引进一种新的交通工具，即红色巴士，外出者从红巴士和蓝巴士获得效用应相同，记红色巴士的选择概率为 P_{rb}，可以得到 $P_{rb}/P_{bb} = 1$。在 IIA 假设成立的情况下，P_c 与 P_{bb} 的比值应不变，即 $P_c = P_{bb} = P_{rb} = 1/3$。这就是多项 logit 模型的估计结果。显然实际中，红巴士的引入只能改变蓝巴士的选择概率，即 $P_c = 1/2$，$P_{bb} = P_{rb} = 1/4$，在这种情况下，多项 logit 模型的估计结果与实际不符。

简单地说，嵌套 logit 模型在多项 logit 模型的基础上将被认为相关的几个选择项放到同一组中，在"红蓝巴士"问题中即将红色巴士和蓝色巴士放到一组，这样在一个组内的选择项效用的不可观测因素之间存在着相同的相关性；而组与组之间没有相关性。

当选项之间互相不独立，具有相关关系时，如红蓝巴士，由于两者之间明显的相关性，使得该资料不满足 IIA 假设，从而不宜用多项 logit 模型。

可见 IIA 性质是一个完全限制性的假设，从而影响了模型应用的范围。因此，丹尼尔·麦克法登认为 IIA 性质既是一个祝福也是一个诅咒。

检验 IIA 假设是否成立的方法，常用的有 Hausman 法和 Small –

Hsiao 法。

（1）Hausman 法。

关于 Hausman 法，它是由杰瑞·豪斯曼（Jerry Hausman）和丹尼尔·麦克法登于 1984 提出的[272]，方法的基本思想是如果 IIA 假设能够满足，那么包含全选择项的模型和仅包含部分选项的模型的参数估计值应该相差不大。

具体的检验步骤分为三步：①建立包含全选项的模型；②建立包含去掉了一个或多个选项的限制模型；③建立如下检验统计量：

$$H = (\hat{\beta}_s - \hat{\beta}_f)[\hat{V}_s - \hat{V}_f]^{-1}(\hat{\beta}_s - \hat{\beta}_f) \qquad (6.2)$$

$\hat{\beta}_s$ 和 $\hat{\beta}_f$ 分别表示参数向量。$\hat{V}_s$ 和 $\hat{V}_f$ 分别是相应的渐进协方差矩阵的估计。统计量 H 服从一个限制的卡方分布。该方法在应用中由于涉及对两个相似协方差矩阵差的转置运算，然而在很多时候这两个协方差矩阵又是等同的，因此往往无法完成计算。

可以使用 Stata 软件的 mlogtest 模块实现该方法对 IIA 假设的检验。在 Stata 软件里执行的具体命令是：. mlogtest hausman。

（2）Small – Hsiao 法。

Small – Hsiao 法[273]的基本思想与 Hausman 法大致相同，只是统计量的计算有区别。

具体的步骤为：

①首先随机地把样本分成两个样本量大致相等的两个子样本 S_1 和 S_2，然后对两个子样本分别建立包含全变量的多项 logit 模型，其对应的参数估计结果 $\hat{\beta}_u^{s_1}$ 和 $\hat{\beta}_u^{s_2}$。接下来计算一个加权的参数平均值：

$$\hat{\beta}_u^{s_1s_2} = (1/\sqrt{2})\hat{\beta}_u^{s_1} + [1 - (1/\sqrt{2})]\hat{\beta}_u^{s_2} \qquad (6.3)$$

②如 Hausman 法利用第二个子样本建立一个限制模型，去掉选择待检验项的全部记录后建立多项 logit 模型，其参数估计结果为 $\hat{\beta}_r^{s_2}$

以及似然函数值为 $L(\hat{\beta}_r^{s_2})$。下面计算统计量：

$$SH = -2\{L(\hat{\beta}_u^{s_1 s_2}) - L(\hat{\beta}_r^{s_2})\} \qquad (6.4)$$

$L(\hat{\beta}_u^{s_1 s_2})$ 是根据全选项模型平均参数而计算的极大似然函数值，该统计量 SH 服从自由度为自变量个数加 1 的渐进分布。

同样可以使用 Stata 软件的 mlogtest 模块实现该方法对 IIA 假设的检验。在 Stata 软件里执行的具体命令是：. mlogtest smhsiao。

6.1.2　GEV 模型概述

多项 logit 模型表现出了 IIA 特性，意味着在选择集中，选择选择项 i, j 的概率之比不随选择集中选择项的增加或者减少而发生变化，即概率的增减变化比例是相同的。但是 IIA 的假设在某些情形下是不成立的，其他模型的发展很大程度上都是为了避免在多项 logit 模型中存在的 IIA 假设，GEV 模型家族因此应运而生。

GEV 模型家族的共性在于所有选择项的效用不可观测部分服从于广义极值的联合分布。这一分布允许选项间存在相关性，并且是一种能够用于标准 logit 模型的广义单变量极值分布。当所有的相关性为零时，广义极值分布就是独立的极值分布，因而可以把标准的 logit 模型看成是 GEV 模型的一种特殊形式。

GEV 模型的优势在于：选择的概率采用的是封闭型，封闭型意味着存在确切的值，通过代数上的处理就可以直接得到，使得其能够不需要求助于模拟就可以被估计出来。而其他能够避免 IIA 假设的离散选择模型如 Probit 模型和混合 logit 模型，选择的概率是非封闭型，非封闭型则不存在确切的值，需要通过计算机模拟来近似得到。而在 GEV 模型家族中，使用得最为广泛的模型便是嵌套 logit 模型。

6.1.3　嵌套 logit 模型概述

嵌套 logit 模型首次由默什・本・阿齐瓦提出[274]。所谓嵌套 logit 模型，又称为树状分对数模型，就是将选择肢按树状结构分层表示，通过这种分组方法增强相似选项之间的联系和相关性，从而解决传统多项 logit 模型中存在的问题。

嵌套 logit 模型用其独特的建模思想把选择集合分成若干个子集。把有相关关系的选项引入同一子集，把有相关关系的子集继续引入同一上层子集，直到子集之间没有相关性，从而成功摆脱 IIA 假设的束缚。

为解决选项之间的相关问题，嵌套 logit 模型利用分层的思想，把全选择集 B 划分成 k 个子集（或若干个套）B_k，相关选项进入同一个子集，无关的选项进入不同的子集。且满足

$$B = \bigcup_k B_k, \ B_k \cap B_l = \varnothing, \ k \neq l \tag{6.5}$$

这样，即可把个体的选择行为划分为两个阶段（或两个层）：第一，选择最大效用子集阶段；第二，在某选定子集中选择最大效用选项阶段。显然在这两个阶段，各选择项之间（子集间和同子集选项间）都可以满足 IIA 假设。如上所述，子集的设定可以允许有多个层次，从而构建多层的嵌套 logit 模型。在每个阶段均可利用多项 logit 模型概率计算公式，计算某选项（子集或选项）概率，最终某具体选项被选择的概率即等于这一系列过程计算所得概率的乘积。

根据嵌套 logit 模型的建模思想，把全选择集分成若干个不同层次子集的同时，也就相当于把个体的决策过程分成了若干的阶段。决定

树可以形象地展现出人为划分的各个阶段，图6.1描述了一个两阶段或两层嵌套logit模型遵循的个体选择过程。

图6.1 两阶段决策树形式的选择过程

嵌套logit模型假设效用随机项 ε_j 服从广义极值分布，即

$$F(\varepsilon_j) = \exp\left(-\sum_{k=1}^{K}\left(\sum_{j\in B_k} e^{-\varepsilon_j/\lambda_k}\right)^{\lambda_k}\right) \qquad (6.6)$$

同一子集内的 ε_i 是相关的，子集间的 ε_j 是不相关的。参数 λ_k 是描述第 k 个子集中所有选项的未观察到效用之间相互独立程度的指标。λ_k 的值越大说明他们之间越独立、相关性也越小。反过来，$1-\lambda_k$ 可以度量选项之间的相关性。λ_k 必须介于（0，1）之间才能保证效用的最大化。需要指出的是，如果 $\lambda_k=1$，则说明选项之间完全独立，这就满足了多项logit模型对于选项的要求。同时，GEV分布也就变成了单变量极值分布。因此，多项logit模型可以看成是嵌套logit模型的一个特例。

需要注意的是，子集之间 λ 值应为1，表示子集间无相关关系，从而说明子集的划分正确；子集内部选择项之间的 λ 值介于（0，1）之间，从而表示选择项间存在相关性。子集间的 λ 值若不为1，表示子集之间还存在相关性，应进一步划分子集，直到子集间的 λ 值为1或者划分到最上层的子集数目为2。选择项之间，子集之间是否存在相关性均应通过IIA假设检验。

在随机项服从GEV假设的条件下，嵌套logit模型可以基于分层的思想以及上述构建的决定树，逐步计算每一层的概率，最终通过概率相乘得到总概率。嵌套 logit 模型是通过计算每一层的概率，再通过概率相乘得到的总的概率。

下面将建立嵌套 logit 模型来预测完全理性的电信套餐消费者的选择行为。

6.2　完全理性电信消费者选择套餐的嵌套 logit 预测模型

在建立嵌套 logit 模型前，先对电信套餐给消费者带来的效用进行分析。

6.2.1　效用分析

在本章建立的嵌套 logit 模型里，假定消费者对套餐的选择过程分为以下两个层次：第一层次，某一类型的消费者从某一电信运营商针对这一类型的消费者提供的某几类套餐中选择某一大类套餐；第二层次，在选择的某一大类套餐中选择具体的某一种套餐。基于效用最大化原则，每个消费者会比较每一个可选套餐，通过比较，从中挑选一个期望效用最高的套餐，并以此来决定自己的选择行为。

以图 6.2 为例说明一下两阶段的套餐选择过程。假设某电信运营商针对商务人士设计了四大类套餐子集：商务领航通信版套餐子集、商务领航旺铺加盟套餐子集、省内商旅套餐子集及新商旅套餐子集。

每一大类套餐又都包含几种具体套餐方案，某商务人士在选择套餐过程中首先从四大类套餐子集中选择一类，然后再在这一大类套餐中选择某一种具体的套餐方案。

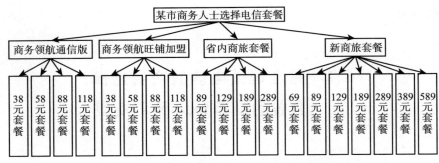

图6.2 商务人士选择电信套餐的两阶段决策树

参考肯尼斯·特雷恩（Kennech Train）[275]的研究成果，本章在建立消费者选择套餐的嵌套 logit 模型中，消费者选择某一种具体套餐的效用可以分解为以下表达方式：

$$U_j = V_j + \varepsilon_j = W_k + Y_j + \varepsilon_j \tag{6.7}$$

$$W_k = \sum_{n=1}^{N} \gamma_{kn} x'_n \tag{6.8}$$

$$Y_j = \sum_{m=1}^{M} \beta_{jm} x_m \tag{6.9}$$

其中，选择第 k 个套餐子集用 B_k 表示，选择 B_k 中的具体套餐选择项用 j 来表示，$j \in B_k$；W_k 表示消费者对第一层套餐子集 B_k 选择产生的效用，选择一个套餐子集中的所有套餐选择项，W_k 是相同的；x'_n 是只随选择不同套餐子集而对效用有影响的属性；Y_j 表示消费者对第二层套餐选项选择产生的效用；x_m 是选择不同套餐子集的不同套餐选择项时对效用有影响的可观测属性；γ_{kn} 和 β_{jm} 是需要估计的参数。

6.2.2　消费者选择套餐行为的嵌套 logit 预测模型

消费者从某一大类套餐子集 B_k 中选择某类具体套餐方案 j 的概率为：

$$P_j = P_{j\,|\,B_k} P_{B_k} \quad j \in B_k \tag{6.10}$$

P_{B_k} 为选择套餐子集 B_k 的概率，$P_{j|B_k}$ 为在选择套餐子集 B_k 的前提下，选择具体套餐 j 的条件概率，具体表达式如下：

$$P_{j\,|\,B_k} = \frac{e^{Y_j/\lambda_k}}{\sum_{i \in B_k} e^{Y_i/\lambda_k}} \tag{6.11}$$

令

$$I_k = \ln \sum_{i \in B_k} e^{Y_i/\lambda_k} \tag{6.12}$$

冈达拉罗·桑达拉然·马达纳（Gangadharrao Soundalyarao Maddala）[276] 定义 I_k 为包含值（Inclusive Value，IV），所以：

$$P_{B_k} = \frac{e^{W_k + \lambda_k I_k}}{\sum_{l=1}^{K} e^{W_l + \lambda_l I_l}} \tag{6.13}$$

综上，消费者从某一套餐子集 B_k 中选择某类具体套餐 j 的概率为：

$$
\begin{aligned}
P_j = P_{j\,|\,B_k} P_{B_k} &= \frac{e^{Y_j/\lambda_k}}{\sum_{i \in B_k} e^{Y_i/\lambda_k}} \cdot \frac{e^{W_k + \lambda_k I_k}}{\sum_{l=1}^{K} e^{W_l + \lambda_l I_l}} \\
&= \frac{e^{V_j/\lambda_k} \left(\sum_{i \in B_k} e^{V_i/\lambda_k} \right)^{\lambda_k - 1}}{\sum_{l=1}^{K} \left(\sum_{i \in B_l} e^{V_i/\lambda_l} \right)^{\lambda_l}}
\end{aligned}
\tag{6.14}
$$

具体的推导过程如式（6.15）所示：

$$P_j = P_j \big|_{B_k} P_{B_k} = \frac{e^{Y_j/\lambda_k}}{\sum_{i \in B_k} e^{Y_i/\lambda_k}} \cdot \frac{e^{W_k + \lambda_k I_k}}{\sum_{l=1}^{K} e^{W_l + \lambda_l I_l}}$$

$$= \frac{e^{W_k/\lambda_k} e^{Y_j/\lambda_k}}{e^{W_k/\lambda_k} \sum_{i \in B_k} e^{Y_i/\lambda_k}} \cdot \frac{e^{W_k} \left(\sum_{i \in B_k} e^{Y_i/\lambda_k} \right)^{\lambda_k}}{\sum_{l=1}^{K} e^{W_l} \left(\sum_{i \in B_l} e^{Y_i/\lambda_l} \right)^{\lambda_l}}$$

$$= \frac{e^{(W_k + Y_j)/\lambda_k}}{\sum_{i \in B_k} e^{(W_k + Y_i)/\lambda_k}} \cdot \frac{\left(\sum_{i \in B_k} e^{(W_k + Y_i)/\lambda_k} \right)^{\lambda_k}}{\sum_{l=1}^{K} \left(\sum_{i \in B_l} e^{(W_l + Y_i)/\lambda_l} \right)^{\lambda_l}}$$

$$= \frac{e^{V_j/\lambda_k}}{\sum_{i \in B_k} e^{V_i/\lambda_k}} \cdot \frac{\left(\sum_{i \in B_k} e^{V_i/\lambda_k} \right)^{\lambda_k}}{\sum_{l=1}^{K} \left(\sum_{i \in B_l} e^{V_i/\lambda_l} \right)^{\lambda_l}}$$

$$= \frac{e^{V_j/\lambda_k} \left(\sum_{i \in B_k} e^{V_i/\lambda_k} \right)^{\lambda_k - 1}}{\sum_{l=1}^{K} \left(\sum_{i \in B_l} e^{V_i/\lambda_l} \right)^{\lambda_l}} \tag{6.15}$$

在进行参数估计时，先利用式（6.11）估计参数 β_{jm}，然后利用式（6.12）计算 IV 值，最后利用式（6.13）估计参数 γ_{kn}。

如假设套餐 $x \in B_m$，$y \in B_n$，则

$$\frac{P_x}{P_y} = \frac{\dfrac{e^{V_x/\lambda_m} \left(\sum_{i \in B_m} e^{V_i/\lambda_m} \right)^{\lambda_m - 1}}{\sum_{l=1}^{K} \left(\sum_{i \in B_l} e^{V_i/\lambda_l} \right)^{\lambda_l}}}{\dfrac{e^{V_y/\lambda_n} \left(\sum_{i \in B_n} e^{V_i/\lambda_n} \right)^{\lambda_n - 1}}{\sum_{l=1}^{K} \left(\sum_{i \in B_l} e^{V_i/\lambda_l} \right)^{\lambda_l}}} = \frac{e^{V_x/\lambda_m} \left(\sum_{i \in B_m} e^{V_i/\lambda_m} \right)^{\lambda_m - 1}}{e^{V_y/\lambda_n} \left(\sum_{i \in B_n} e^{V_i/\lambda_n} \right)^{\lambda_n - 1}} \tag{6.16}$$

如果 $m = n$（即套餐 x 和 y 在一个套餐子集里），则：

$$\frac{P_x}{P_y} = \frac{e^{V_x/\lambda_m}}{e^{V_y/\lambda_n}} \tag{6.17}$$

这个比值只与套餐 x 和 y 有关，独立于选择集中的其他任何选项，说明同一个子集里的选项满足 IIA 特征。

6.3　嵌套 logit 模型预测完全理性消费者选择行为的实证分析

6.3.1　实证描述

本实证将以从某电信运营商所获得的实际商务人士选择套餐的非保密数据为基础进行。基于文献综述与已有研究的分析，该实证分析将影响某地商务人士群体选择套餐行为的因素包括：每月市话时长、每月长途时长、每月短信数量及套餐的最低消费。这些因素影响着套餐给消费者带来的效用，因此决定着消费者最后的套餐选择行为，如图 6.3 所示。

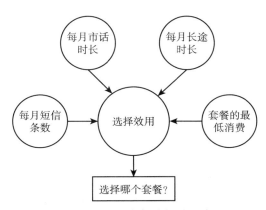

图 6.3　影响套餐选择的因素

6.3.2　参　数　估　计

　　嵌套 logit 模型的参数估计过程与多项 logit 模型相似，也用极大似然法进行估计，但是具体的计算过程要复杂一些。图 6.4 描述了所建嵌套 logit 模型的参数估计流程。

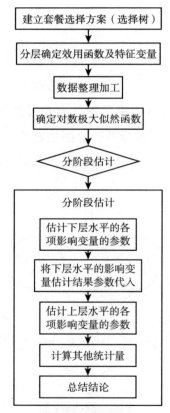

图 6.4　嵌套 logit 模型的参数估计流程

　　首先建立商务人士选择电信套餐的两阶段决策树，分层确定效用函数及特征变量，在数据整理加工的基础上，确定对数极大似然函数，同样采用极大似然法估计参数。但在估计过程中采用分阶段的估计方法，首先估计决策树下层的各项影响变量的参数，然后将下层水平的影响变量估计结果参数代入，进而估计决策树上层的各项影响变量的参数，最后计算其他统计量，总结得出结论。

由于 SPSS 软件不能进行嵌套 logit 模型的参数估计，本节将使用 Stata 软件对所建嵌套 logit 模型中的参数 γ_{kn} 和 β_{jm} 进行参数估计，参数结果如表 6.1 中 "Coef." 列所示。

6.3.3　基于 Stata 软件进行的嵌套 logit 回归

在利用 Stata 软件进行嵌套 logit 回归分析前，先将回归分析所用变量表示如下：

consumer_id = 消费者识别变量；

package = 套餐；

shsc = 每月市话时长；

ctsc = 每月长途时长；

dx = 每月短信条数；

zdxf = 套餐的最低消费金额；

choosen = 选择套餐的识别变量；

lhtx = 商务领航通信版套餐；

lhwp = 商务领航旺铺加盟套餐；

snsl = 省内商旅套餐；

xsl = 新商旅套餐。

该实例中，shsc、ctsc 和 dx 为个体特征变量（属于所建决策树的第一层），而 zdxf 为选择特征变量（属于所建决策树的第二层）。

根据某市某电信运营商提供的 378 个商务人士使用商务套餐的相关数据，利用 Stata 软件进行相关嵌套 logit 回归。

具体步骤如下：

步骤一：基于变量 package 生成第一水平的替代选择变量 type

命令：. nlogitgen type = package(lhtx：lhtx − 38 | lhtx − 58 | lhtx − 88 | lhtx − 118, lhwp：lhwp − 38 | lhwp − 58 | lhwp − 88 | lhwp − 118, snsl：snsl − 89 | snsl − 129 | snsl − 189 | snsl − 289, xsl：xsl − 69 | xsl − 89 | xsl − 129 | xsl − 189 | xsl − 289 | xsl − 389 | xsl − 589)

得到结果如下所示：

new variable type is generated with 4 groups

label list lb_type

lb_type：

　　　　1 lhtx

　　　　2 lhwp

　　　　3 snsl

　　　　4 xsl

该过程采用 nlogitgen 命令来产生一个能识别第一层选项的新分类变量 type，生成了商务人士选择电信套餐的两阶段决策树的第一层即生成了四个套餐子集：商务领航通信版套餐（lhtx）、商务领航旺铺加盟套餐（lhwp）、省内商旅套餐（snsl）和新商旅套餐（xsl）。

步骤二：显示树状结构

命令：. nlogittree package type, choice（choosen）

得到的结果如图 6.5 所示，该过程采用 nlogittree 命令产生了所建嵌套 logit 模型的树状结构图。该图中"type"列是新产生的四个套餐子集；"package"列为 19 个具体套餐，如"lhtx − 38"表示商务领航通信版 38 元套餐；"k" 列表示每个套餐被选择的次数，也可以理解为选择每个具体套餐的消费者数量，如该列第一个数字表示样本中实际选择商务领航通信版 38 元套餐的消费者有 9 人，k 的总和是 378，即统计样本总量为 378；"N" 列表示决策树每层的观测者数量，第一列 N 的 4 个数字分别由对应的第二列 N 加总所得，对于每个具体套餐都有 378 个消费者对其进行观察选择，一共有 19 个套餐可供选择，因此在利用 Stata 软件进行嵌套 logit 回归分析前准备的数据便有 378 × 19 = 7182 行。所以对于大样本量资料，在利用 Stata 软件进行嵌套 logit 回归分析前这样的数据准备工作比较烦琐。

tree structure specified for the nested logit model

type	N	package	N	k
lhtx	1512	lhtx-38	378	9
		lhtx-58	378	4
		lhtx-88	378	4
		lhtx-118	378	4
lhwp	1512	lhwp-38	378	161
		lhwp-58	378	14
		lhwp-88	378	3
		lhwp-118	378	17
snsl	1512	snsl-89	378	2
		snsl-129	378	10
		snsl-189	378	1
		snsl-289	378	1
xsl	2646	xsl-69	378	47
		xsl-89	378	39
		xsl-129	378	31
		xsl-189	378	21
		xsl-289	378	5
		xsl-389	378	3
		xsl-589	378	2
		total	7182	378

k=number of times alternative is chosen
N=number of observations at each level

图 6.5　所建嵌套 logit 模型的树状结构

步骤三：估计参数

命令：. nlogit choosen zdxf‖type：shsc ctsc dx, base(xsl)‖package：, noconst case (consumer_id)

得到的结果如表 6.1 所示。

表 6.1   Stata 软件进行嵌套 logit 回归分析得到的参数估计值

```
RUM – consistent nested logit regression        Number of obs    =    7182
Case variable：consumer_id                      Number of cases   =    378
Alternative variable：package                   Alts per case：min  =    19
                                                              avg  =    19.0
                                                              max  =    19
                                                Wald chi2（10）  =    136.99
Log likelihood = – 745.85658                     Prob > chi2    =    0.0000
```

choosen	Coef.	Std. Err.	z	P > |z|	[95% Conf.	Interval]
package						
zdxf	– 0.315	0.0028686	– 10.47	0.000	– 0.0356537	– 0.0244092
type equations						
lhtx						
shsc	0.137	0.0000203	0.38	0.702	– 0.000032	0.0000475
ctsc	0.039	0.0000252	1.55	0.122	– 0.0000105	0.0000884
dx	– 0.876	0.005926	– 1.48	0.139	– 0.0203767	0.0028527
lhwp						
shsc	– 0.999	0.0000218	– 4.58	0.000	– 0.0001426	– 0.0000571
ctsc	0.258	0.0000196	1.32	0.187	– 0.0000126	0.0000642
dx	– 0.425	0.007182	– 5.93	0.000	– 0.056636	– 0.0284821
snsl						
shsc	0.238	0.0000139	1.66	0.098	– 0.0000001	0.0000503
ctsc	– 0.249	0.0000402	– 0.62	0.535	– 0.0001037	0.0000539
dx	– 0.554	0.0050888	– 1.09	0.276	– 0.0155143	0.0044336
xsl						

续表

shsc	0（base）				
ctsc	0（base）				
dx	0（base）				
dissimilarity parameters					
type					
/lhtx_tau	0. 134031	0. 1636736		− 1. 454826	− 0. 8132369
/lhwp_tau	0. 781284	0. 0920154		0. 6009373	0. 9616311
/snsl_tau	0. 340041	0. 3579479		0. 6384762	2. 041606
/xsl_tau	0. 176667	0. 2303902		1. 72511	2. 628223
LR test for IIA （tau = 1）:			chi2(4) = 176. 21　Prob > chi2 = 0. 0000		

表 6. 1 中 "Coef. " 列的数值即为所建商务人士选择电信套餐的两阶段决策树的每层各个变量的参数估计值,其中 "zdxf" 行对应的数值是所建决策树第二层变量 zdxf 的参数估计值。在进行嵌套 logit 回归时同样需要选择参照类,本节采用最后一个套餐子集 "xsl" 为参照类。基于该参照类,可以分别得到其他三个套餐子集相对于该参照类的决策树第一层变量的参数估计值,例如对于套餐子集 "lhtx",得到所建决策树第一层变量 shsc、ctsc 和 dx 的参数估计值。

表 6. 1 中 "dissimilarity parameters" 下面的四行对应于 "Coef. " 列的数值分别表示每个套餐子集中所有具体套餐未观察到效用之间的相互独立程度。该值越大说明该套餐子集中的具体套餐之间越独立,相关性越小。

步骤四:预测选择概率

命令:. predict pr

表 6. 2 举例给出了执行上述命令后,得到预测一个完全理性的电

信消费者选择各套餐的概率。

表 6.2　　　　步骤四得到的一个完全理性消费者的预测结果

consumer_id	package	shsc	ctsc	dx	choosen	zdxf	type	pr
1	lhtx – 38	10160	3836	28	0	59	lhtx	0.00489
1	lhtx – 58	10160	3836	28	0	69	lhtx	0.00638
1	lhtx – 88	10160	3836	28	0	78	lhtx	0.00809
1	**lhtx – 118**	10160	3836	28	**1**	120	lhtx	0.02462
1	lhwp – 38	10160	3836	28	0	17	lhwp	0.21761
1	lhwp – 58	10160	3836	28	0	60	lhwp	0.04167
1	lhwp – 88	10160	3836	28	0	75	lhwp	0.02341
1	lhwp – 118	10160	3836	28	0	108	lhwp	0.00659
1	snsl – 89	10160	3836	28	0	190	snsl	0.01665
1	snsl – 129	10160	3836	28	0	155	snsl	0.03649
1	snsl – 189	10160	3836	28	0	199	snsl	0.01361
1	snsl – 289	10160	3836	28	0	467	snsl	0.00004
1	**xsl – 69**	10160	3836	28	0	123	xsl	**0.23632**
1	xsl – 89	10160	3836	28	0	131	xsl	0.21162
1	xsl – 129	10160	3836	28	0	186	xsl	0.09909
1	xsl – 189	10160	3836	28	0	275	xsl	0.02902
1	xsl – 289	10160	3836	28	0	309	xsl	0.01816
1	xsl – 389	10160	3836	28	0	394	xsl	0.00562
1	xsl – 589	10160	3836	28	0	670	xsl	0.00012

　　表 6.2 中第一列数值均为 1，表示这是针对编号为 1 的消费者的分析结果，因为共有 19 个套餐，所以对于该消费者共有 19 行数据，同样对于每个消费者都能得到一个如表 6.2 所示的分析结果；第三列至第五列分别表示三个个体特征变量的值，对于一个消费者而言，个

体特征变量不随具体套餐的变化而变化；"choosen"列表示消费者的实际选择，该列中数值 1 表示该消费者选择了该数值所在行的具体套餐，表 6.2 表明了该消费者实际选择的套餐是"lhtx – 118"；"zdxf"列则为选择特征变量，该列数值随着该消费者选择不同的套餐而变化。

表 6.2 中最重要的一列即"pr"列，该列表示预测该消费者选择各套餐的概率值。该列中最大的数值所在行对应的套餐即为采用嵌套 logit 模型预测消费者选择的套餐，表 6.2 表明了预测结果是该完全理性的消费者选择的套餐为"xsl – 69"，但该消费者实际选择的却是套餐"lhtx – 118"，这说明预测的该消费者的结果是不准确的。利用同样的方法可以预测其余 377 个消费者的套餐选择行为，将预测结果与实际消费者的选择行为进行对比，结果一致的则认为预测准确，最后有 300 个结果与实际结果相符，预测准确率为 79.4%。

6.3.4　模型检验

在线性回归中，系数的显著性检验采用的是 t 统计量，在本章所建的嵌套 logit 模型进行回归时，参数的显著性检验采用 Wald 统计量。Wald 统计量是回归参数与自由度的函数，近似服从于自由度等于参数个数的 χ^2 分布。与 t 统计量一样，Wald 统计量的取值越大，表明自变量对因变量的影响越显著。

由表 6.1 可得到模型的检验统计值 Wald chi2(10) = 136.99，表示 χ^2 的值为 136.99，Prob > chi2 = 0.0000 表示 χ^2 检验的 P 值较小，说明人们的选择行为与这些变量有相关关系，即受到这些变量的影响，则可以通过拟合表达出变量之间的关系。

6.4 基于参考依赖改进嵌套 logit 模型预测消费者的选择行为

传统的嵌套 logit 模型虽然克服了多项 logit 模型的弱点，但仍然假设消费者是完全理性的，但现实生活中，消费者往往是有限理性的。所以本章接下来将借鉴参考依赖模型来改进传统的嵌套 logit 模型，以便来预测有限理性的消费者的套餐选择行为。

6.4.1 基于参考依赖改进的嵌套 logit 模型的建立

本书在布鲁斯·哈迪等[44]的研究基础上，建立了基于多属性参考点的有限理性的消费者选择套餐行为的预测模型。对于多属性产品选择，消费者一般要综合多个属性的因素进行综合权衡。根据参考依赖模型和哈迪等的研究成果，本节将改进传统的嵌套 logit 模型来预测有限理性的消费者选择套餐的行为。首先将影响消费者选择套餐的主要套餐属性归纳如图 6.6 所示。

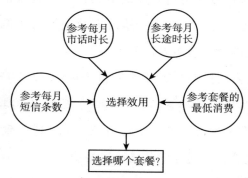

图 6.6 基于参考依赖的消费者选择套餐的主要影响属性

根据图 6.6，消费者的选择并非受每月市话时长、每月长途时长、每月短信条数及套餐的最低消费等几个属性的影响，而是要受到各个属性的参考点的影响，相应的消费者选择效用应符合下列式子：

$$
\begin{aligned}
U_{rj} &= V_{rj} + \varepsilon_{rj} \\
&= W_{rk} + Y_{rj} + \varepsilon_{rj} \\
&= \sum_{n=1}^{N} \gamma_{rkn}(x'_n - rx'_n) + \sum_{m=1}^{M} \beta_{rjm}(x_m - rx_m) + \varepsilon_{rj} \\
&= \sum_{n=1}^{N} \gamma_{rkn}(Gain(x'_n) + \mu Loss(x'_n)) + \sum_{m=1}^{M} \beta_{rjm}(Gain(x_m) \\
&\quad + \mu Loss(x_m)) + \varepsilon_{rj}
\end{aligned}
\tag{6.18}
$$

本节中有关变量的含义如下：

B_k：选择第 k 个套餐子集，$k=1$，$\cdots$，K；

$\quad j$：消费者选择 B_k 中的具体套餐选择项，$j \in B_k$；

U_{rj}：考虑参考点后选择套餐 j 对消费者的效用；

V_{rj}：考虑参考点后选择套餐 j 对消费者的可观测效用；

ε_{rj}：考虑参考点后的随机误差；

W_{rk}：表示考虑参考点后消费者对第一层套餐子集 B_k 选择产生的效用；

Y_{rj}：表示考虑参考点后消费者对第二层套餐选项选择产生的效用；

x'_n：只随选择不同套餐子集而对效用有影响的属性的值；

rx'_n：只随选择不同套餐子集而对效用有影响的属性的参考点；

x_m：选择不同套餐子集的不同套餐选择项时对效用有影响的可观测属性的值；

rx_m：选择不同套餐子集的不同套餐选择项时对效用有影响的可观测属性的参考点；

γ_{rkn}，β_{rjm}：考虑参考点后回归分析时得到的参数；

$Gain(.)$：考虑参考点后选择套餐时属性的收益值；

$Loss(.)$：考虑参考点后选择套餐时属性的损失值；

μ：考虑参考点后属性的损失规避常数，且 $\mu>0$。

在考虑参考点的情况下，消费者选择套餐 j 的概率由 P_{rj} 表示。在传统的嵌套 logit 模型基础上，得到考虑参考效应的消费者选择套餐 j 的概率 P_{rj}，如式（6.19）所示：

$$P_{rj} = \frac{e^{V_{rj}/\lambda_k}\left(\sum_{i \in B_k} e^{V_{ri}/\lambda_k}\right)^{\lambda_{k-1}}}{\sum_{l=1}^{K}\left(\sum_{i \in B_l} e^{V_{ri}/\lambda_l}\right)^{\lambda_l}} \tag{6.19}$$

其中：

$$V_{rj} = W_{rk} + Y_{rj}$$

$$= \sum_{n=1}^{N} \gamma_{rkn}(x'_n - rx'_n) + \sum_{m=1}^{M} \beta_{rjm}(x_m - rx_m)$$

$$= \sum_{n=1}^{N} \gamma_{rkn}(Gain(x'_n) + \mu Loss(x'_n)) + \sum_{m=1}^{M} \beta_{rjm}(Gain(x_m) + \mu Loss(x_m))$$

$$\tag{6.20}$$

综上所述，对于 J 个可选套餐，当同时考虑多属性的参考效应时，有限理性的消费者选择第 j 类套餐的概率可以由式（6.19）进行预测。

6.4.2 算例及比较分析

对改进后的嵌套 logit 模型进行统计推断，需要取得的变量统计资料包括每月市话时长、每月长途时长、每月短信条数及套餐的最低消费和这些属性的参考点，以及消费者的套餐选择情况等。因此，本节对某市某电信运营商中选择不同商务套餐的 378 个消费者的实际消费等相关数据进行了统计分析。

参考点的设定同样分别采用了两种方式：各个属性的平均值和中位数。在前景理论中，丹尼尔·卡尼曼和阿莫斯·特韦尔斯基通过试验得到反映损失规避程度的 μ 值为 $2.25^{[27]}$，本书分别对 μ 值为 1、2、2.25、3、4、5 和 6 七种情况进行了分析，μ 值越大，表示消费者对损失的规避程度越大。

首先利用 Excel 对数据进行预处理，然后利用式（6.19）可求得有限理性的消费者选择套餐的行为预测概率，最后使用软件 Stata 可以对上述数据进行改进后的嵌套 logit 回归分析。

6.4.2.1　基于 Stata 软件进行的改进嵌套 logit 模型回归分析

本节首先对参考点设定为各个属性的平均值，μ 取值为 2.25 时的改进嵌套 logit 模型进行回归分析。

同样利用 6.3 节中实证分析所用的某市某电信运营商提供的 378 个商务人士使用商务套餐相关数据，利用 Stata 软件对改进后的嵌套 logit 模型进行回归分析，以便同改进前的嵌套 logit 模型得到的结果进行比较。具体回归分析步骤基本同 6.3.3 节中的步骤一至步骤四，得到表 6.3 和表 6.4。

表 6.3　　Stata 软件进行改进嵌套 logit 模型回归分析得到的参数估计值

RUM – consistent nested logit regression	Number of obs　＝　7182
Case variable：consumer_id	Number of cases　＝　378
Alternative variable：package	Alts per case：min　＝　19
	avg　＝　19.0
	max　＝　19
	Wald chi2（10）　＝　141.07
Log likelihood = − 651.72694	Prob > chi2　＝　0.0000

续表

choosen	Coef.	Std. Err.	z	P > |z|	[95% Conf.	Interval]
package						
zdxf	− 0.359	0.0019587	− 9.71	0.000	− 0.0296541	− 0.0214019
type equations						
lhtx						
shsc	0.211	0.0000231	0.31	0.682	− 0.000021	0.0000401
ctsc	0.119	0.0000192	1.49	0.131	− 0.0000112	0.0000904
dx	− 0.921	0.006013	− 1.13	0.213	− 0.0213951	0.0031419
lhwp						
shsc	− 0.914	0.0000226	− 5.38	0.001	− 0.0002061	− 0.0000619
ctsc	0.198	0.0000176	1.03	0.192	− 0.0000091	0.0000519
dx	− 0.319	0.006887	− 4.99	0.002	− 0.049681	− 0.0274917
snsl						
shsc	0.295	0.0000215	1.29	0.087	− 0.0000001	0.0000491
ctsc	− 0.301	0.0000483	− 0.57	0.542	− 0.0000919	0.0000563
dx	− 0.618	0.0051045	− 1.13	0.306	− 0.0165211	0.0041996
xsl						
shsc	0 (base)					
ctsc	0 (base)					
dx	0 (base)					
dissimilarity parameters						
type						
/lhtx_tau	0.249102	0.2016916			− 1.39081	− 0.7939171
/lhwp_tau	0.902214	0.0890912			0.6101974	0.9114919
/snsl_tau	0.273818	0.3970473			0.6484921	2.101903
/xsl_tau	0.127191	0.2119681			1.69171	2.598421

LR test for IIA (tau = 1):　　　　　　chi2(4) = 181.23　　Prob > chi2 = 0.0000

表 6.4　　步骤四得到的一个有限理性消费者的预测结果

consumer_id	package	shsc*	ctsc*	dx*	choosen	zdxf*	type	pr
1	lhtx – 38	0	0	0	0	– 303.75	lhtx	0.00172
1	lhtx – 58	0	0	0	0	– 281.25	lhtx	0.00528
1	lhtx – 88	0	0	0	0	– 261	lhtx	0.00719
1	**lhtx – 118**	0	0	0	**1**	– 166.5	lhtx	**0.26052**
1	lhwp – 38	0	0	0	0	– 398.25	lhwp	0.16471
1	lhwp – 58	0	0	0	0	– 301.5	lhwp	0.05239
1	lhwp – 88	0	0	0	0	– 267.75	lhwp	0.01484
1	lhwp – 118	0	0	0	0	– 193.5	lhwp	0.00713
1	snsl – 89	0	0	0	0	– 9	snsl	0.02247
1	snsl – 129	0	0	0	0	– 87.75	snsl	0.04981
1	snsl – 189	0	0	0	0	5	snsl	0.01912
1	snsl – 289	0	0	0	0	273	snsl	0.00012
1	xsl – 69	0	0	0	0	– 159.75	xsl	0.16073
1	xsl – 89	0	0	0	0	– 141.75	xsl	0.10392
1	xsl – 129	0	0	0	0	– 18	xsl	0.08125
1	xsl – 189	0	0	0	0	81	xsl	0.02247
1	xsl – 289	0	0	0	0	115	xsl	0.02019
1	xsl – 389	0	0	0	0	200	xsl	0.00612
1	xsl – 589	0	0	0	0	476	xsl	0.00002

表 6.3 中 "Coef." 列的数值即为利用改进嵌套 logit 模型进行回归分析时得到的各个变量的参数估计值。表 6.4 表明了预测结果是该有限理性消费者选择的套餐为 "lhtx – 118"，该消费者实际选择的也

是套餐"lhtx－118",说明预测的该消费者的套餐选择结果是准确的。利用同样的方法可以预测其余377个消费者的套餐选择行为,将预测结果与实际消费者的选择行为进行对比,结果一致的则认为预测准确,最后有340个结果与实际结果相符,预测准确率为89.9%。而利用改进前的嵌套 logit 模型进行预测的准确率为79.4%,说明基于参考依赖改进的嵌套 logit 模型更有效。

6.4.2.2 模型检验

在本节所建的改进嵌套 logit 模型进行回归时,参数的显著性检验仍然采用 Wald 统计量。Wald 统计量是回归参数与自由度的函数,近似服从于自由度等于参数个数的 χ^2 分布。与 t 统计量一样,Wald 统计量的取值越大,表明自变量对因变量的影响越显著。

由表6.3可得到模型的检验统计值 Wald chi2(10) = 141.07,表示 χ^2 的值为141.07,Prob > chi2 = 0.0000 表示 χ^2 检验的 P 值较小,说明人们的选择行为与这些变量有相关关系,即受到这些变量的影响,则可以通过拟合表达出变量之间的关系。

6.4.2.3 算例比较小结

同6.4.2.1节,可以得到当参考点选择不同的设定方法和 μ 取不同值时的预测准确率情况,将结果整理后得到图6.7。

图6.7中横坐标 μ 值表示消费者对损失的规避程度,μ 值越大表示消费者对损失的规避程度越大;纵坐标表示预测结果的准确率。图6.7表示了当 μ 取值分别为1、2、2.25、3、4、5和6时,参考点设定分别采取各属性的中位数和平均数两种方式得到的预测结果的准确率情况图,得到以下结论:

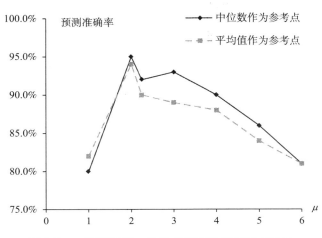

图 6.7　μ 取不同值、参考点设定选择不同方法时

得到的预测消费者选择套餐行为的准确率

（1）无论采取哪种参考点设定方法，预测准确率均高于改进前的嵌套 logit 模型得到的预测准确率 79.4%，即考虑参考依赖的改进嵌套 logit 模型的预测准确率全部大于传统的嵌套 logit 模型的预测准确率，可见改进模型的有效性。

（2）当 $\mu = 2$ 时，无论采取哪种参考点设定方法，预测结果都相对比较好。丹尼尔·卡尼曼和阿莫斯·特韦尔斯基通过试验得到 $\mu = 2.25$，该值反映了当时当地人们对于损失的规避程度。

（3）$\mu = 2$ 比 $\mu = 2.25$ 更适合中国电信消费者的实际情况，可见中国电信消费者对损失的规避程度要低，这与第 5 章得到结果是一致的。

（4）无论 μ 取何值，选择中位数作为参考点的预测结果总是优于选择平均值作为参考点的预测结果，说明选择中位数作为参考点更加合适，这与第 5 章得到结果也是一致的。

6.5　本章小结

　　本章首先概述了嵌套 logit 模型的相关基础知识，然后建立了消费者选择电信套餐行为的嵌套 logit 预测模型，得到消费者选择每种套餐的概率，从而预测了消费者选择套餐的行为。然后借鉴参考依赖模型对嵌套 logit 模型进行了改进，用来预测有限理性的电信套餐消费者的选择行为。最后在实例分析中，对改进前后的两个模型利用某电信运营商的商务消费者的实际数据，通过 Stata 软件分别进行回归分析，所得结果显示考虑参考效应的改进嵌套 logit 模型的预测结果优于传统的嵌套 logit 模型的预测结果，进一步验证了改进后新模型的有效性，得到了一些有价值的结论。

第 7 章

总结与展望

7.1 本书研究总结

消费者对电信套餐的选择行为是电信行业市场营销领域的核心问题，消费者在套餐选择过程中的决策行为直接影响着电信运营商的营销战略，对消费者的电信套餐选择行为的分析和建模研究，是套餐营销战略制定及套餐评价与选择的重要基础。由于传统消费者行为模型的建模条件都是假设消费者完全理性，这不符合实际电信消费者的决策行为特点，而行为经济学中有限理性的概念为解决这个问题提供了参考。本书正是在上述背景下，围绕分析和预测有限理性的电信套餐消费者的选择行为开展研究，具体工作包括：

（1）对电信套餐消费者的选择行为和对影响消费者选择电信套餐的因素进行了分析。设计了针对大学生套餐选择情况进行的调查问卷，为后续的研究工作提供了数据基础，并基于得到的数据对电信套餐消费者的选择行为进行了定量分析。

（2）基于前景理论研究了有限理性电信套餐消费者的选择行为，并与基于期望效用理论研究完全理性的消费者的选择行为进行了比较，结果显示基于前景理论方法得到的结果与实证研究得到的结果相符度更高。由于参考点设定是前景理论中非常重要的部分之一，又提出了一种新的参考点设定方法，并基于新的参考点分析了电信套餐消费者的选择行为，结果同样验证了电信消费者在选择套餐时是有限理性的。

（3）在概述离散选择模型的基础上，利用传统的多项 logit 模型预测了消费者的套餐选择行为。针对传统多项 logit 模型不能预测有限理性消费者的选择行为的缺陷，基于参考依赖模型改进了多项 logit 模型，建立了有限理性电信套餐消费者的选择行为的预测方法。将利用改进前后的多项 logit 模型对多个运营商的实际消费数据进行了预测并进行对比分析，验证了改进后模型的有效性，并得到了一些有价值的结论。

（4）由于多项 logit 模型存在缺陷，最明显的就是 IIA 特性。而嵌套 logit 模型能够避免在多项 logit 模型中存在的 IIA 缺陷，于是利用嵌套 logit 模型对消费者的套餐选择行为进行预测。针对传统的嵌套 logit 模型同样不能预测有限理性消费者选择行为的缺陷，基于参考依赖模型对嵌套 logit 模型进行了改进，建立了有限理性的电信套餐消费者选择行为的预测方法。将利用改进前后的嵌套 logit 模型对多个运营商的消费者实际消费数据进行预测，并进行对比分析，验证了改进后模型的有效性，并得到了一些有借鉴意义的结论。

7.2　有待进一步研究的问题

　　本书虽然已经做了大量的工作，但有限理性的电信套餐消费者的选择行为是一个复杂的过程，运用前景理论等相关理论开展研究尚有许多需要进一步解决的问题。鉴于此，作者认为未来的工作可以从以下几个方面进行：

（1）如何从消费者的心理过程、行为特征、行为影响因素以及选择行为机理等方面展开探索，为消费者选择行为与现代行为科学理论的深度融合提供深层次的理论支撑，从而形成一个完整的体系，同行为经济学的研究者将前景理论融入一般经济主体的行为那样，将行为决策的相关理论与电信套餐消费者的选择行为紧密地结合起来。并且，前景理论只是现代行为科学研究的成果之一，要进一步提高消费者选择行为研究的科学性，需要更多的借用现代行为科学的研究方法和研究成果。

（2）在前景理论的应用中，参考点的设定是非常重要的，但目前对于参考点的具体设定仍然没有找到规律性的方法，对于讨论不同的参考点设定方法，如考虑动态的、随机的参考点将是下一步的研究重点。

（3）目前在应用前景理论的相关价值函数和决策权重函数时，大部分仍然是采用丹尼尔·卡尼曼与阿莫斯·特韦尔斯基提出的最原始的表示形式及参数值，对于不同的领域确定不同的参数值甚至建立新的价值函数和决策权重函数也是有待深入研究的问题。

（4）在利用离散选择模型进行预测分析时，本书采用最基本的多项 logit 模型和 GEV 模型家族中使用最广泛的嵌套 logit 模型，是为了能够得到封闭解。而其他能够避免 IIA 假设的离散选择模型如 Probit 模型和混合 logit 模型，需要通过计算机模拟来近似地得到非封闭解，如何利用这些模型来预测有限理性的消费者选择套餐的行为也将是今后研究的重点。

参 考 文 献

［1］彭继红．中国电信运营企业核心竞争力研究［D］．北京：北京邮电大学，2007．

［2］沈佳．电信重组后三强竞争实力对比和基本策略分析［J］．移动通信，2008，10：27－29．

［3］中国电信运营行业分析报告（2012年4季度）［R］．中国经济信息网，2013，2．

［4］邹萍．3G时代电信运营商市场营销策略模型设计与实现［D］．北京：北京交通大学，2009．

［5］王容，唐小我，王俭．我国电信服务创新资费产品设计与定价研究［J］．科研管理，2011，32（12）：26－32．

［6］谢萌．关于我国移动电信资费套餐制定的研究［D］．南京：南京航空航天大学，2007．

［7］国际/国内电信行业形势分析［R］．中国移动研究院产业市场研究所，2009，9．

［8］王容．需求不确定性下移动通信消费者行为研究［D］．成都：电子科技大学，2012．

［9］李辉，易琨．2000年诺贝尔经济学奖获得主的科学贡献［J］．嘉兴学院学报，2001，13（1）：61－65．

［10］黄晓兰，沈浩．离散选择模型在市场研究中的应用［J］．北京广播学院学报（自然科学版），2002，12（4）：34－42．

［11］Kahneman D, Tversky A. Prospect theory：an analysis of decision under risk［J］. *Econometrica*, 1979, 47（2）：263－291.

［12］Tversky A, Kahneman D. Loss aversion in riskless choice：a reference-dependent model［J］. *The Quarterly Journal of Economics*, 1991, 106（4）：1039－1061.

［13］李怀祖．管理研究方法论［M］．西安：西安交通大学出版社，2004．

［14］赫伯特·西蒙．现代决策理论的基石［M］．北京：北京经济学院出版社，1989．

［15］阿马蒂亚·森．伦理学与经济学［M］．北京：商务印书馆，2000．

［16］汪丁丁，叶航．理性的追问：关于经济学理性主义的对话［M］．桂林：广西师范大学出版社，2003．

［17］Simon H. Rational choice and the structure of the environment［J］. *Psychological Review*, 1956, 6（2）：129－138.

［18］von Neumann J, Morgenstern O. Theory of games and economic behavior［M］. *Princeton*：*Princeton University Press*, 1944.

［19］Savage L J. The foundation of statistics［M］. *New York*：*John Wiley & Sons*, 1954.

［20］Anscombe F J, Aumann R J. A definition of subjective probability［J］. *The Annals of Mathematical Statistics*, 1963, 34（1）：199－205.

［21］Allais P M. The behavior of rational man in risk situations：a critique of the axioms and postulates of the American school [J]. *Economet-rica*, 1953, 21 (4): 503 – 546.

[22] Ellsberg D. Risk, ambiguity and the savage axioms [J]. *The Quarterly Journal of Economics*, 1961, 75 (4): 643 – 656.

[23] 武小悦. 决策分析理论 [M]. 北京: 科学出版社, 2010.

[24] Mazumdar T, Raj S P, Sinha I. Reference price research: review and propositions [J]. *Journal of marketing*, 2005, 69 (4): 84 – 102.

[25] 薛求知. 行为经济学——理论与应用 [M]. 上海: 复旦大学出版社, 2003.

[26] Quiggin J. A theory of anticipated utility [J]. *Journal of Economic Behavior and Organization*, 1982, 3 (4): 323 – 343.

[27] Tversky A, Kahneman D. Advances in prospect theory: cumulative representation of uncertainty [J]. *Journal of Risk and Uncertainty*, 1992, 5 (4): 297 – 323.

[28] Simon H. A behavior model of rational choice [J]. *The Quarterly Journal of Economics*, 1955, 69 (1): 99 – 118.

[29] 王冰, 黄岱. 新制度经济学方法论研究综述 [J]. 江汉论坛, 2004, (8): 46 – 48.

[30] 何大安. 行为经济人有限理性的实现程度 [J]. 中国社会科学, 2004, 4: 91 – 101.

[31] 何大安. 理性选择向非理性选择转化的行为分析 [J]. 经济研究, 2005, 8: 73 – 83.

[32] 何大安. 经济学世界中理性选择与非理性选择之融合——从质疑效用最大化角度对若干理论观点的理解 [J]. 浙江学刊,

2007，2：137 – 145.

［33］何大安. 个体选择理论的行为和实验分析［J］. 浙江学刊，2008，4：19 – 26.

［34］卿志琼. 有限理性、心智成本与经济秩序［M］. 北京：经济科学出版社，2006.

［35］张茉楠. 从有限理性到适应性理性［J］. 经济社会体制比较，2004，6：79 – 84.

［36］Rutha J A, York A. Framing information to enhance corporate reputation：the impact of message source，information type，and reference point［J］. *Journal of Business Research*，2004，57（1）：14 – 20.

［37］Heath C，Larrick R P，Wu G. Goals as reference points［J］. *Cognitive Psychology*，1999，38（1）：79 – 109.

［38］何贵兵，白凤祥. 风险决策中的参照点效应研究［J］. 心理学报，1997，29（2）：178 – 186.

［39］Bleichrodt H. Reference-dependent utility with shifting reference points and incomplete preferences［J］. *Journal of Mathematical Psychology*，2007，51（4）：266 – 276.

［40］Hershey J C，Schoemaker P J H. Probability versus certainty equivalence methods in utility measurement：are they equivalent［J］. *Management Science*，1985，31（10）：1213 – 1231.

［41］Suzuki Y，Tyworth J E，Novack R A. Airline market share and customer service quality：a reference-dependent model［J］. *Transportation Research Part A*，2001，35（9）：773 – 788.

［42］Arkes H R，Hirshleifer D，Jiang D，et al. Reference point adaptation：tests in the domain of security trading［J］. *Organizational Behav-*

ior and Human Decision Processes, 2008, 105 (1): 67 – 81.

[43] Zhou J. Reference dependence and market competition [J]. *Journal of Economics and Management Strategy*, 2011, 20 (4): 1073 – 1097.

[44] Hardie B G S, Johnson E J, Fader P S. Modeling loss aversion and reference dependence effects on brand choice [J]. *Marketing Science*, 1993, 12 (4): 378 – 394.

[45] Schmidt U. , Starmer C, Sugden R. Third-generation prospect theory [J]. *Journal of Risk and Uncertainty*, 2008, 36 (3): 203 – 223.

[46] Koszegi B. , Rabin M. A model of reference-dependent preferences [J]. *Quarterly Journal of Economics*, 2008, 121 (4): 1133 – 1165.

[47] Pesendorfer W. Behavioral economics comes of age: a review essay on advances in behavioral economics [J]. *Journal of Economic Literature*, 2006, 44 (3): 712 – 721.

[48] Schmidt U. , Zank H. Endogenizing prospect theory's reference point [R]. *Kiel Working Paper*, 2010.

[49] Bleichrodt H. Reference-dependent utility with shifting reference points and incomplete preferences [J]. *Journal of Mathematical Psychology*, 2007, 51 (4): 266 – 276.

[50] Fiegenbaum A. , Hart S. , Schendel D. Strategic reference point theory [J]. *Strategic Management Journal*, 1996, 17 (3): 219 – 235.

[51] Javalgi R G, Kim S M, Lundstrom W J, et al. Toward the development of an integrative framework of subsidiary success: a synthesis of the process and contingency models with the strategic reference points theory

[J]. *Thunderbird International Business Review*, 2006, 48 (6): 843 – 866.

[52] Lin C H, Huang W H, Zeelenberg M. Multiple reference points in investor regret [J]. *Journal of Economic Psychology*, 2006, 27 (6): 781 – 792.

[53] Folger R. Perceived injustice, referent cognitions, and the concept of comparison level [J]. *Representative Research in Social Psychology*, 1984, 14 (2): 88 – 108.

[54] Winer R S. A reference price model of brand choice for frequently purchased products [J]. *Journal of Consumer Research*, 1996, 13 (2): 250 – 256.

[55] Avineri E., Prashker J N. Sensitivity to uncertainty: the need for a paradigm shift [J]. *Transportation Research Record*, 2003, 1854 (1): 90 – 98.

[56] Avineri E, Bovy P H L. Identification of parameters for a prospect theory model for travel choice analysis [J]. *Transportation Research Record*, 2008, 2082 (1): 141 – 147.

[57] Munro A, Sugden R. On the theory of reference-dependent preferences [J]. *Journal of Economic Behavior and Organization*, 2003, 50 (4): 407 – 428.

[58] Bowman D, Minehart D, Rabin M. Loss aversion in a consumption-savings model [J]. *Journal of Economic Behavior and Organization*, 1999, 38 (2): 155 – 178.

[59] De Giorgi E G, Post T. Loss aversion with a state-dependent reference point [J]. *Management Science*, 2011, 57 (6): 1094 – 1110.

［60］ Baucells M, Weber M, Welfens F. Reference-point formation and updating ［J］. *Management Science*, 2011, 57 (3): 506 – 519.

［61］ Edwards K D. Prospect theory: a literature review ［J］. *International Review of Financial Analysis*, 1996, 5 (1): 19 – 38.

［62］ Goldstein W M, Einhorn H J. Expression theory and the preference reversal phenomena ［J］. *Psychological Review*, 1987, 94 (2): 236 – 254.

［63］ Humphrey S J, Verschoor A. The probability weighting function: experimental evidence from Uganda, India and Ethiopia ［J］. *Economics Letters*, 2004, 84 (3): 419 – 425.

［64］ Fehr – Duda H, De Gennaro M, Schubert R. Gender, financial risk, and probability weights ［J］. *Theory and Decision*, 2006, 60 (2 – 3): 283 – 313.

［65］ Diecidue E, Schmidt U, Zank H. Parametric weighting functions ［J］. *Journal of Economic Theory*, 2009, 144 (3): 1102 – 1118.

［66］ Rieger M O, Wang M. Cumulative prospect theory and the St. Petersburg paradox ［J］. *Economic Theory*, 2006, 28 (3): 665 – 679.

［67］ Rieger M O, Wang M. Prospect theory for continuous distributions ［J］. *Journal of Risk and Uncertainty*, 2008, 36 (1): 83 – 102.

［68］ Wu G, Gonzalez R. Curvature of the probability weighting function ［J］. *Management Science*, 1996, 42 (12): 1676 – 1690.

［69］ Prelec D. The probability weighting function ［J］. *Econometrica*, 1998, 66 (3): 497 – 527.

［70］ al – Nowaihi A, Dhami S. A simple derivation of Prelec's probability weighting function ［J］. *Journal of Mathematical Psychology*, 2006,

50 （6）: 521 – 524.

［71］ Kilka M，Weber M. What determines the shape of the probability weighting function under certainty? ［ J ］. *Management Science*，2001，47 （12）: 1712 – 1726.

［72］周维，王明哲. 基于前景理论的风险决策权重研究 ［J］. 系统工程理论与实践，2005，25 （2）: 74 – 78.

［73］ Wakker P P. The data of Levy and Levy （2002） "Prospect theory: much ado about nothing?" actually support prospect theory ［J］. *Management Science*，2003，49 （7）: 979 – 981.

［74］ Levy M，Levy H. Prospect theory: much ado about nothing? ［J］. *Management Science*，2002，48 （10）: 1334 – 1349.

［75］ Gonzalez R，Wu G. On the shape of probability weighting function ［J］. *Cognitive Psychology*，1999，38 （1）: 129 – 166.

［76］ Abdellaoui M. Parameter-free elicitation of utilities and probability weighting functions ［J］. *Management Science*，2000，46 （11）: 1497 – 1512.

［77］ Bleichrodt H，Pinto J L. A parameter-free elicitation of the probability weighting function in medical decision analysis ［J］. *Management Science*，2000，46 （11）: 1485 – 1496.

［78］ Stott H P. Cumulative prospect theory's functional menagerie ［J］. *Journal of Risk and Uncertainty*，2006，32 （2）: 101 – 130.

［79］ Tyszka T，Przybyzewski K. Cognitive and emotional factors affecting currency perception ［J］. *Journal of Economic Psychology*，2006，27 （4）: 518 – 530.

［80］ Maggi M A. Loss aversion and perceptual risk aversion ［J］.

Journal of Mathematical Psychology, 2006, 50 (4): 426 – 430.

[81] Licalzi M, Sorato A. The Pearson system of utility functions [J]. *European Journal of Operational Research*, 2006, 172 (2): 560 – 573.

[82] Levy H, Levy M. Experimental test of the prospect theory value function: a stochastic dominance approach [J]. *Organizational Behavior and Human Decision Processes*, 2002, 89 (2): 1058 – 1081.

[83] al – Nowaihi A, Bradley I, Dhami S. A note in the utility function prospect theory [J]. *Economics Letters*, 2008, 99 (2): 337 – 339.

[84] Zank H. Cumulative prospect theory for parametric and multiattribute utilities [J]. *Mathematics of Operations Research*, 2001, 26 (1): 67 – 81.

[85] Wakker P P, Zank H. A simple preference foundation of cumulative prospect theory with power utility [J]. *European Economic Review*, 2002, 46 (7): 1253 – 1271.

[86] 徐红利. 基于有限理性的城市交通系统均衡与拥挤收费策略研究 [D]. 南京: 南京大学, 2011.

[87] Katsikopoulos K V, Duse – Anthony Y, Fisher D L, et al. Risk attitude reversals in drivers' route choice when range of travel time information is provided [J]. *Human Factors*, 2002, 44 (3): 466 – 473.

[88] Avineri E, Prashker J N. Sensitivity to uncertainty-need for a paradigm shift [J]. *Transportation Research Record*, 2003, 1854 (1): 90 – 98.

[89] Avineri E, Prashker J N. Violations of expected utility theory in route-choice stated preferences: certainty effect and inflation of small probabilities [J]. *Transportation Research Record*, 2004, 1894 (1): 222 – 229.

［90］ Avineri E. The effect of reference point on stochastic network equilibrium ［J］. *Transportation Science*，2006，40（4）：409 –420.

［91］ Gao S，Frejinger E，Ben – Akiva M. Adaptive route choices in risky traffic networks：a prospect theory approach ［J］. *Transportation Research Part C*，2009，18（5）：727 –740.

［92］赵凛，张星臣. 基于"前景理论"的先验信息下的出行者路径选择模型 ［J］. 交通运输系统工程与信息，2006，6（2）：42 –46.

［93］赵凛，张星臣. 基于"前景理论"的路径选择行为建模及实例分析 ［J］. 土木工程学报，2007，40（7）：82 –86.

［94］徐红利，周晶，陈星光. 基于前景理论的路径选择行为规则分析与实证 ［J］. 交通运输系统工程与信息，2007（6）：95 –101.

［95］ Xu H L，Zhou J，Xu W. A decision-making rule for modeling travelers' route choice behavior based on cumulative prospect theory ［J］. *Transportation Research Part C*，2011，19（2）：218 –228.

［96］王任映. 基于前景理论的出行路径选择模型 ［D］. 长沙：长沙理工大学，2009.

［97］闫乃帅，曹凯，王娟娟. 风险路网环境下出行者路径选择决策建模对比分析 ［J］. 山东理工大学学报（自然科学版），2010，24（5）：77 –85.

［98］刘玉印，刘伟铭，吴建伟. 基于累积前景理论的出行者路径选择模型 ［J］. 华南理工大学学报（自然科学版），2010，38（7）：84 –89.

［99］杨志勇，颜贵云. 基于前景理论的动态路径选择模型 ［J］. 大连交通大学学报，2010，31（1）：53 –58.

［100］王健，侯亚丽，胡晓伟. 拥挤收费下基于前景理论的出行者路径选择行为分析［J］. 交通信息与安全，2011，29（5）：25－30.

［101］Senbil M，Kitamura R. Reference points in commuter departure time choice：a prospect theoretic test of alternative decision frames［J］. *Journal of Intelligent Transportation Systems*，2004，8（1）：19－31.

［102］Fujii S，Kitamura R. Drivers' mental representation of travel time and departure time choice in uncertain traffic network conditions［J］. *Networks and Spatial Economics*，2004，4（3）：243－256.

［103］Jou R C，Kitamura R，Weng M C，et al. Dynamic commuter departure time choice under uncertainty［J］. *Transportation Research Part A*，2008，42（5）：774－783.

［104］杨志勇，颜桂云. 基于前景理论的出发时刻选择模型研究［J］. 华东公路，2009，（2）：87－89.

［105］张波，隽志才，林徐勋. 基于累积前景理论的出发时间选择 SDUO 模型［J］. 管理工程学报，2013，27（1）：68－76.

［106］Munro A，Sugden R. On the theory of reference-dependent preferences［J］. Journal of Economic Behavior and Organization，2003，50（4）：407－428.

［107］Connors R D，Sumalee A. A network equilibrium model with travelers' perception of stochastic travel times［J］. *Transportation Research Part B*，2009，43（6）：614－624.

［108］Xu H L，Lou Y，Yin Y，et al. A prospect-based user equilibrium model with endogenous reference points and its application in congestion pricing［J］. *Transportation Research Part B*，2011，45（2）：311－328.

［109］徐红利，周晶，徐薇．基于累积前景理论的随机网络用户均衡模型［J］．管理科学学报，2011，14（7）：1−7.

［110］张波，隽志才，林徐勋．基于累积前景理论的随机用户均衡交通分配模型［J］．西南交通大学学报，2011，46（5）：868−874.

［111］Avineri E. A cumulative prospect theory approach to passengers' behavior modelling：waiting time paradox revisited［J］. *Journal of Intelligent Transportation Systems*，2004，8（4）：195−204.

［112］Schwanen T，Ettema D. Coping with unreliable transportation when collecting children：examining parents' behaviour with cumulative prospect theory［J］. *Transportation Research Part A*，2009，43（5）：511−525.

［113］李晓伟，陈红，周续彪等．基于累积前景理论的城市公交线网灰关联优化［J］．西安建筑科技大学学报，2012，44（4）：495−502.

［114］罗清玉，吴文静，贾洪飞等．基于前景理论的居民出行方式选择分析［J］．交通信息与安全，2012，30（2）：37−40.

［115］张波，隽志才，倪安宁．前景理论在出行行为研究中的适用性［J］．北京理工大学学报，2013，15（1）：54−62.

［116］Olsen R A. Prospect theory as an explanation of risky choice by professional investors：some evidence［J］. *Review of Financial Economies*，1997，6（2）：225−232.

［117］Ding D K，Charoenwong C，Seetoh R. Prospect theory，analyst forecasts，and stock returns［J］. *Journal of Multinational Financial management*，2004，14（4−5）：425−442.

［118］Langer T，Weber M. Myopic prospect theory vs. myopic loss aversion: how general is the phenomenon? [J]. *Journal of Economic Behavior and Organization*, 2005, 56 (1): 25 – 38.

[119] Shen C H, Chih H L. Investor protection, prospect theory, and earnings management: an international comparison of the banking industry [J]. *Journal of Banking and Finance*, 2005, 29 (10): 2675 – 2697.

[120] Yogo M. Asset prices under habit formation and reference-dependent preferences [J]. *Journal of Business and Economic Statistics*, 2008, 26 (2): 131 – 143.

[121] 饶育蕾, 刘达锋. 行为金融学 [M]. 上海: 上海财经大学出版社, 2003.

[122] 李心丹. 行为金融理论: 研究体系及展望 [J]. 金融研究, 2005, (1): 175 – 190.

[123] 阮青松, 余颖. 期望理论及其对股本溢价的一个行为金融学解释 [J]. 财经论丛, 2005, 3: 76 – 81.

[124] 董大勇, 史本山, 曾召友. 展望理论的权重函数与证券收益率分布 [J]. 中国管理科学, 2005, 13 (1): 24 – 29.

[125] 张维, 张海峰, 张永杰等. 基于前景理论的波动不对称性 [J]. 系统工程理论与实践, 2012, 32 (3): 458 – 465.

[126] 张海峰, 张维, 邹高峰等. 中国市场条件下前景理论的实证分析 [J]. 西安电子科技大学学报, 2011, 21 (3): 84 – 89.

[127] 杨怀东, 江超凡, 刘坤. 嵌入前景理论的动态风险厌恶套期保值比率模型研究 [J]. 管理工程学报, 2012, 26 (2): 101 – 105.

[128] Copeland P V, Cuccia A D. Multiple determinants of framing referents in tax reporting and compliance [J]. *Organizational Behavior and Human Decision Processes*, 2002, 88 (1): 499 – 526.

［129］ Bernasconi M, Zanardi A. Tax evasion, tax rates, and reference dependence ［J］. *Public Finance Analysis*, 2004, 60 (3): 422 – 445.

［130］ Dhami S, al – Nowaihi A. Why do people pay taxes? prospect theory versus expected utility theory ［J］. *Journal of Economic Behavior and Organization*, 2007, 64 (1): 171 – 192.

［131］ 何红渠, 肖瑛. 基于期望理论的纳税遵从行为研究 ［J］. 财经研究, 2005, 3: 100 – 108.

［132］ Carmon Z, Ariely D. Focusing on the forgone: how value can appear so different to buyers and sellers ［J］. *Journal of Consumer Research*, 2001, 27 (3): 360 – 370.

［133］ Chernev A. The impact of common features on consumer preferences: a case of confirmatory reasoning ［J］. *Journal of Consumer Research*, 2001, 27 (4): 475 – 488.

［134］ Chernev A. When more is less and less is more: the role of ideal point availability and assortment in consumer choice ［J］. *Journal of Consumer Research*, 2004, 30 (2): 170 – 183.

［135］ Chernev A. Goal orientation and consumer preference for the status quo ［J］. *Journal of Consumer Research*, 2004, 31 (3): 557 – 565.

［136］ Brooks C M, Kaufmann P J, Lichtenstein D R. Travel configuration on consumer trip-chained store choice ［J］. *Journal of Consumer Research*, 2004, 31 (2): 241 – 248.

［137］ Simonson I, Drolet M. Anchoring effects on consumers' willingness-to-pay and willingness-to-accept ［J］. *Journal of Consumer Research*,

2004, 31 (3): 681 – 690.

［138］Fogel S, Lovallo D, Caringal C. Loss aversion for quality in consumer choice ［J］. *Australian Jouural of Management*, 2004, 29 (1): 45 – 63.

［139］Boettcher W A. Context, methods, numbers, and words: prospect theory in international relations ［J］. *The Journal of Conflict Resolution*, 1995, 39 (3): 561 – 583.

［140］Berger P D, Smith G E. The impact of prospect theory based framing tactics on advertising effectiveness ［J］. *Omega*, 1998, 26 (5): 593 – 609.

［141］Oliver A. The internal consistency of the standard gamble: test after adjusting for prospect theory ［J］. *Journal of Health Economics*, 2003, 22 (4): 659 – 674.

［142］Kyle A S, Ou – Yang H, Xiong W. Prospect theory and liquidation decisions ［J］. *Journal of Economic Theory*, 2006, 129 (1): 273 – 288.

［143］Winter L, Parker B. Current health and preferences for life-prolonging treatments: an application of prospect theory to end-of-life decision making ［J］. *Social Science and Medicine*, 2007, 65 (8): 1695 – 1707.

［144］刘玉杰, 张世英, 王振强. 前景理论在保险学中的应用 ［J］. 西北农林科技大学学报（社会科学版）, 2006, 6 (2): 9 – 12.

［145］向钢华, 王永县. 基于累积前景理论的有限理性威慑模型 ［J］. 系统工程, 2006, 24 (12): 107 – 110.

［146］刘玉, 詹兴永. 体育彩票消费者行为的前景理论研究 ［J］.

四川体育科学，2008，5（1）：8－10.

[147] 李小莹.国际工程投标报价决策中的前景理论应用［J］.中国高新技术企业，2008，（12）：11－12.

[148] 蒋国萍，汪卫东，安进.基于前景理论的投标报价决策方法［J］.武汉理工大学学报，2012，34（3）：353－356.

[149] 张敏，陈荣秋.基于前景理论的项目管理计划行为分析［J］.工业工程与管理，2008，（6）：54－59.

[150] 杨建池，王运吉，钱大庆等.基于前景理论的决策模型研究［J］.系统仿真学报，2009，21（9）：2469－2472.

[151] 刘咏梅，彭立，李立.基于前景理论的订货问题［J］.系统管理学报，2010，19（5）：481－490.

[152] 潘俊涛，彭建春，孙芊等.基于前景理论的发电商电量分配策略［J］.电网技术，2011，35（4）：170－175.

[153] 姜艳萍，程树磊.基于前景理论的新产品开发方案选择方法［J］.管理学报，2012，9（5）：767－771.

[154] 姜艳萍，潘恩.考虑决策者风险偏好的新产品开发方案选择方法［J］.东北大学学报，2012，33（5）：748－751.

[155] 刘存.基于前景理论的企业员工监督与激励策略研究［J］.企业管理，2011，（2）：160－162.

[156] 周国华，张羽，李延来等.基于前景理论的施工安全管理行为演化博弈［J］.系统管理学报，2012，21（4）：501－509.

[157] 申红艳，胡斌.基于前景理论的移动商务价值链决策行为模拟［J］.工业工程与管理，2011，16（1）：97－102.

[158] 李晓伟，陈红，邵海鹏等.基于累积前景理论的公路建设项目灰关联排序模型［J］.公路交通科技，2011，28（10）：130－135.

[159] 樊治平，刘洋，沈荣鉴．基于前景理论的突发事件应急响应的风险决策方法 [J]．系统工程理论与实践，2012，32（5）：977 - 984.

[160] Liu Y，Fan Z P，Zhang Y. Risk decision analysis in emergency response: a method based on cumulative prospect theory [J]. *Computers & Operations Research*，Article in press.

[161] 李如琦，唐林权，凌武能等．基于前景理论和灰关联分析法的黑启动方案优选 [J]．电力系统保护与控制，2013，41（5）：103 - 107.

[162] 李如琦，唐林权，凌武能等．基于云理论和前景理论的变压器状态维修风险决策 [J]．电力自动化设备，2013，33（2）：104 - 108.

[163] 姚增福，郑少锋．种粮大户售粮方式行为选择及影响因素分析——基于"PT"前景理论和 Slogit 模型 [J]．西北农林科技大学学报，2013，13（1）：39 -45.

[164] 汪金爱，章凯，赵三英．为什么 CEO 解职如此罕见？一种基于前景理论的解释 [J]．南开管理评论，2012，15（1）：54 -66.

[165] 牛芳，张玉利，杨俊．坚持还是放弃？基于前景理论的新生创业者承诺升级研究 [J]．南开管理评论，2012，15（1）：131 - 141.

[166] 陈艳，刘欣远．前景理论的职务舞弊行为决策 [J]．北京理工大学学报，2012，14（3）：9 -17.

[167] 张岩，魏玖长．风险态度、风险认知和政府信赖——基于前景理论的突发状态下政府信息供给机制分析框架 [J]．华中科技大学学报，2011，25（1）：53 -59.

［168］陈超，任大廷．基于前景理论视角的农民土地流转行为决策分析［J］．中国农业资源与区划，2011，32（2）：18 – 21.

［169］王正新，党耀国，裴玲玲等．基于累积前景理论的多指标灰关联决策方法［J］．控制与决策，2010，25（2）：232 – 236.

［170］王坚强，周玲．基于前景理论的灰色随机多准则决策方法［J］．系统工程理论与实践，2010，30（9）：1658 – 1664.

［171］张晓，樊治平．一种基于前景随机占优准则的随机多属性决策方法［J］．控制与决策，2010，25（12），1875 – 1879.

［172］刘培德．一种基于前景理论的不确定语言变量风险型多属性决策方法［J］．控制与决策，2011，26（6）：893 – 897.

［173］马健，孙秀霞，郭创．基于风险—效益比和前景理论的风险性多属性决策方法［J］．系统工程与电子技术，2011，33（11）：2434 – 2439.

［174］樊治平，陈发动，张晓．考虑决策者心理行为的区间数多属性决策方法［J］．东北大学学报，2011，32（1）：136 – 139.

［175］樊治平，陈发动，张晓．基于累积前景理论的混合型多属性决策方法［J］．系统工程学报，2012，27（3）：295 – 301.

［176］张晓，樊治平．一种基于前景理论的风险型区间多属性决策方法［J］．运筹与管理，2012，21（3）：44 – 50.

［177］张晓，樊治平．基于前景理论的风险型混合多属性决策方法［J］．系统工程学报，2012，27（6）：772 – 781.

［178］胡军华，杨柳，刘咏梅．基于累积前景理论的动态随机多准则决策方法［J］．软科学，2012，26（2）：132 – 135.

［179］李鹏，刘思峰，朱建军．基于前景理论的随机直觉模糊决策方法［J］．控制与决策，2012，27（11）：1601 – 1606.

［180］刘勇，Jeffrey Forrest，赵焕焕等．基于前景理论的多目标灰色局势决策方法［J］．系统工程与电子技术，2012，34（12）：2514－2519.

［181］李庆胜，刘思峰，方志耕．基于前景理论的随机多属性VIKOR决策方法［J］．计算机工程与应用，2012，48（30）：1－4.

［182］Anderson J C, Thomson J B L, Wynstra F. Combining value and price to make purchase decision in business markets［J］. *Internaltional Journal of Research in Marketing*, 2000, 17（4）: 307－329.

［183］Beggs A, Graddy K. Testing for reference dependence: an application to the art market［J］. *Working Paper*, 2005.

［184］Huber J, Viscusi W K, Bell J. Reference dependence in iterative choices［J］. *Organizational Behavior and Human Decision Processes*, 2008, 106（2）: 143－152.

［185］Farber H S. Reference-dependent preferences and labor supply: the case of New York city taxi drivers［J］. *The American Economic Review*, 2008, 98（3）: 1069－1082.

［186］Nicolau J L. Testing reference dependence, loss aversion and diminishing sensitivity in Spanish tourism［J］. *Investigaciones Económicas*, 2008, XXXII（2）: 231－255.

［187］Ho T H, Lim N, Cui T H. Reference dependence in multilocation newsvendor models: a structural analysis［J］. *Management Science*, 2010, 56（11）: 1891－1910.

［188］Zhou J D. Reference dependence and market competition［J］. *Journal of Economics and Management Strategy*, 2011, 20（4）: 1073－1097.

［189］ Habib M A，Miller E J. Reference-dependent residential location choice model within a relocation context ［J］. *Transportation Research Record*，2009，2133（1）：92 – 99.

［190］ 李荣喜，郭镭. 基于消费者价格参考效应的产品定价策略 ［J］. 统计与决策，2006，10：118 – 119.

［191］ 李荣喜. 基于价格参考效应的消费者需求与产品定价模型 ［J］. 管理评论，2006，18（11）：39 – 42.

［192］ 范文博，李志纯，蒋葛夫. 基于参考依赖法的出行者日常路径选择行为建模 ［J］. 交通运输工程学报，2009，9（1）：96 – 108.

［193］ 洪炳宏，牛志勇. 企业渠道管理协调机制假设修正与模型重建 ［J］. 企业管理，2012，（2）：48 – 50.

［194］ 陈芳. 寡头垄断电信市场价格博弈模型及其复杂性研究 ［D］. 天津：天津大学，2008.

［195］ 杨沐桥. 电信套餐设计、评估与管理 ［R］. 中国通信大讲坛，2009.

［196］ 詹姆斯·肖. 电信业战略管理 ［M］. 北京：人民邮电出版社，2003.

［197］ 郭宇. 江西小灵通客户消费行为研究 ［D］. 北京：北京邮电大学，2006.

［198］ 林琴. 基于 OLAP 和数据挖掘的电信客户消费行为分析 ［D］. 长沙：中南林业科技大学，2007.

［199］ 王开钰. 基于数据挖掘的移动通信客户消费行为研究 ［D］. 北京：北京邮电大学，2011.

［200］ 王林林. 电信服务与服务营销 ［M］. 天津：天津大学出

版社，2008.

[201] 孙玺，吴先锋. 大学生通信业务消费行为分析 [J]. 重庆邮电学院学报（社会科学版），2004，2：126 – 129.

[202] 王林林. 中国电信市场消费者行为分析与对策研究 [D]. 南京：南京邮电学院，2005.

[203] 刘耘. 电信企业消费者行为预测模型及应用 [J]. 通信企业管理，2006，(8)：68 – 69.

[204] 梅益. 中国大百科全书（经济学Ⅲ）[M]. 北京：中国大百科全书出版社，1988.

[205] 尹世杰. 当代消费经济词典 [M]. 成都：西南财经大学出版社，1991.

[206] 伊志宏. 消费经济学 [M]. 北京：中国人民大学出版社，2004.

[207] 马翠华. 击中消费者：消费者心理及行为透视 [M]. 北京：中国纺织出版社，2002.

[208] 迈克尔·R. 所罗门. 消费者行为学 [M]. 北京：中国人民大学出版社，2009.

[209] 利昂·G. 希夫曼. 消费者行为学 [M]. 北京：中国人民大学出版社，2007.

[210] 菲利普·科特勒. 营销管理（第14版）[M]. 北京：中国人民大学出版社，2012.

[211] 杨树青. 消费者行为学 [M]. 广州：中山大学出版社，2009.

[212] 金宝辉. 交通出行行为分析 [D]. 成都：西南交通大学，2004.

［213］徐萍. 消费心理学教程 ［M］. 上海：上海财经大学出版社，2008.

［214］田雨. 中国消费者购买行为模式分析及营销对策 ［J］. 企业经济，2007，（3）：67-70.

［215］石文典. 市场营销心理学 ［M］. 大连：东北财经大学出版社，2000.

［216］Engel J F, Kollat D T, Blackwell R D. Consumer behavior ［M］. *New York: Holt, Rinehart and Winston*, 1968.

［217］Howard J A, Sheth J N. The theory of buyer behavior ［M］. *New York: John Wiley & Sons*, 1969.

［218］Simon H. On simulating Simon: his monomania, and its sources in bounded rationality ［J］. *Studies in History and Philosophy of Science - Part A*, 2001, 32 （3）：501-506.

［219］Tversky A, Kahneman D. Rational choice and framing decisions ［J］. *The Journal of Business*, 1986, 59 （4）：252-278.

［220］马洪朝，张领山. 国外行为经济理论模式综述 ［J］. 经济学动态，2002，（9）：57-63.

［221］张燕晖. 行为经济学和实验经济学的基础：丹尼尔·卡尼曼和弗农·史密斯 ［J］. 国外社会科学，2003，（1）：79-83.

［222］刘兵军，欧阳令南. 行为经济学发展趋势研究 ［J］. 外国经济与管理，2003，（3）：7-14.

［223］符国群. 消费者行为学 ［M］. 武汉：武汉大学出版社，2000.

［224］卢泰宏. 解读中国营销 ［M］. 北京：中国社会科学出版社，2004.

［225］王海中. 消费者民族中心中国本土化研究 ［J］. 南开管理评论, 2003, 4 (31): 31 - 36.

［226］关宏志. 非集计模型: 交通行为分析的工具 ［M］. 北京: 人民交通出版社, 2004.

［227］吴明隆. 问卷统计分析实务——SPSS 操作与应用 ［M］. 重庆: 重庆大学出版社, 2010.

［228］杨伯华, 缪一德. 西方经济学原理 ［M］. 成都: 西南财经大学出版社, 2005.

［229］王坚强, 孙腾, 陈晓红. 基于前景理论的信息不完全的模糊多准则决策方法 ［J］. 控制与决策, 2009, 24 (8): 1198 - 1202.

［230］Ben - Akiva M, Lerman S. Discrete choice analysis: theory and application to travel demand ［M］. *Boston: The MIT Press*, 1985.

［231］Al - Ghamdi A S. Using logistic regression to estimate the influence of accident factors on accident severity ［J］. *Accident Analysis and Prevention*, 2002, 34 (6): 729 - 741.

［232］Luce R D. Individual choice behavior: a theoretical analysis ［M］. *New York: John Wiley & Sons*, 1959.

［233］McFadden D. Conditional logit analysis of qualitative choice behavior ［M］. in Zarembka P. ed., 'Frontiers in Econometrics', New York: Academic Press, 1974, 105 - 142.

［234］张奇瑞. 基于前景理论的交通诱导行为分析与仿真实验研究 ［D］. 北京: 北京交通大学, 2008.

［235］聂冲, 贾生华. 离散选择模型的基本原理及其发展演进评介 ［J］. 数量经济技术经济研究, 2005, (11): 151 - 159.

［236］McFadden D. Economic choices ［J］. *The American Economic*

Review, 2001, 91 (3): 351 – 378.

[237] Green P E, Carmone F J, Wachspress D P. On the analysis of qualitative data in marketing research [J]. *Journal of Marketing Research*, 1977, 14 (1): 52 – 59.

[238] Guadagni P M, Little J D C. A logit model of brand choice calibrated on scanner data [J]. *Marketing Science*, 1983, 2 (3): 203 – 238.

[239] McFadden D. The choice theory approach to market research [J]. *Marketing Science*, 1986, 5 (4): 275 – 297.

[240] Russell G J, Petersen A. Analysis of cross category dependence in market basket selection [J]. *Journal of Retailing*, 2000, 76 (3): 367 – 392.

[241] SÁndor Z, Wedel M. Heterogeneous conjoint choice designs [J]. *Journal of Marketing Research*, 2005, 42 (2): 210 – 218.

[242] Gracia A, de Magistris T. The demand for organic foods in the south of Italy: a discrete choice model [J]. *Food Policy*, 2008, 33 (5): 389 – 396.

[243] Briz T, Ward R W. Consumer awareness of organic products in Spain: an application of multinominal logit models [J]. *Food Policy*, 2009, 34 (3): 295 – 304.

[244] Sahn D E, Younger S D, Genicot G. The demand for health care services in rural Tanzania [J]. *Oxford Bulletin of Economics and Statistics*, 2003: 65 (2): 241 – 259.

[245] Sarma K S. Demand for outpatient health care in rural India: a nested multinomial logit approach [C]. 37th Annual Meeting of the Canadi-

an Economics Association Conference, Canada, 2003.

[246] Habtom G M K, Ruys P. The choice of a health care provider in Eritrea [J]. *Health Policy*, 2007, 80 (1): 202 –217.

[247] Bonsall P, Palmer I. Modelling drivers' car parking behaviour using data from a travel choice simulator [J]. *Transportation Research Part C*, 2004, 12 (5): 321 –347.

[248] 王卫杰, 王炜. 基于配对组合 logit 模型的路线选择 [J]. 东南大学学报 (自然科学版), 2010, 40 (4): 844 –847.

[249] 赵胜川, 王喜支, 姚荣涵等. 基于 Mixed Logit 模型的私家车通勤出行时间价值 [J]. 吉林大学学报 (工学版), 2010, (2): 406 –411.

[250] 罗清玉, 孙宝凤, 吴文静等. 基于 Mixed logit 模型的拥挤收费下交通方式分担率预测 [J]. 吉林大学学报 (工学版), 2010, (5): 1230 –1234.

[251] 姚丽亚, 孙立山. 基于分层 Logit 模型的交通方式选择行为研究 [J]. 武汉理工大学学报 (交通科学与工程版), 2010, (4): 738 –741.

[252] 胡郁葱, 刘勤. 基于 Logit 模型的珠三角城际轨道交通与公路客运竞争力研究 [J]. 科学技术与工程, 2009, (23): 7070 –7075.

[253] 李志瑶, 隽志才, 宗芳. 居民出行时间选择及拥挤收费政策 [J]. 交通运输工程学报, 2005, 5 (3): 105 –110.

[254] 王树盛, 黄卫, 陆振波. Mixed Logit 模型及其在交通方式分担中的应用研究 [J]. 公路交通科技, 2006, 23 (5): 88 –91.

[255] 张娴静, 陈政, 赵耐青等. 上海市嘉定区农村居民就诊单

位选择的影响因素分析——决策树和多分类无序反应变量的 logistic 回归相结合的方法 [J]. 中国卫生统计, 2005, 22 (2): 80 – 84.

[256] 白瑞, 沈其君, 张晓等. 嵌套 logit 模型原理及其在医学离散选择问题分析中的应用 [J]. 中国卫生统计, 2006: 23 (2): 181 – 183.

[257] 赵雪荣, 张家华. 基于 Logit 模型的航道货运量分配预测研究 [J]. 科技传播, 2010, (14): 177 – 178.

[258] 梅虎. 航空旅客选择行为及其在收益管理中的应用研究 [D]. 南京: 南京航空航天大学, 2007.

[259] 王春峰, 卢涛, 房振明. 基于价格离散选择模型的中国股市价格行为特征研究 [J]. 管理工程学报, 2008, 22 (1): 140 – 144.

[260] 杨勇攀, 史仕新, 陈锟. 基于混合 Logit 模型的消费者偏好测量研究 [J]. 生产力研究, 2009, (2): 73 – 75.

[261] 葛学峰, 武春友. 乡村旅游偏好差异测量研究: 基于离散选择模型 [J]. 旅游学刊, 2010, 25 (1): 48 – 52.

[262] 胡左浩, 黄飞华, 卢向南等. 消费者选择的 Multinomial Logit 模型及其应用——以我国轿车市场为例 [J]. 中国管理科学, 2007, 15: 35 – 40.

[263] 翟刚, 曹颖. 我国手机消费者品牌选择研究——基于离散选择模型的实证分析 [J]. 现代商贸工业, 2008, 20 (1): 55 – 56.

[264] 杨升荣, 徐飞, 陈洁. 基于离散选择模型的在线渠道消费者品牌选择行为 [J]. 上海交通大学学报, 2009, (4): 517 – 520.

[265] 杨升荣, 徐飞, 陈洁. 在线消费者品牌选择的动态忠诚度识别 [J]. 工业工程与管理, 2009, 14 (3): 112 – 117.

［266］张群，曹丽，李纯青.离散选择模型的比较及其在零售业的应用［J］.西安工业学院学报，2005，（3）：293-298.

［267］白让让.轿车细分市场中产品线定位的影响因素分析［J］.管理科学，2010，23（1）：2-9.

［268］李清水.基于 logit 模型的农村居民对零售终端选择行为研究［J］.四川理工学院学报（社会科学版），2011，（6）：62-65.

［269］王济川，郭志刚.Logistic 回归模型——方法与应用［M］.北京：高等教育出版社，2001.

［270］张文彤.SPSS 统计分析高级教程［M］.北京：高等教育出版社，2004.

［271］Amemiya T. On a two-step estimation of multivariate logit models［J］. Journal of Econometrics, 1978, 8（1）: 13-21.

［272］Hausman J, McFadden D. Specification tests for the multinomial logit model［J］. Econometrica, 1984, 52（5）: 1219-1240.

［273］Small K A, Hsiao C. Multinomial logit specification tests［J］. *International Economic Review*, 1985, 26（3）: 619-627.

［274］Ben-Akiva M. The Structure of travel demand models［D］. *Boston*: *MIT*, 1973.

［275］Train K E. Discrete choice methods with simulation (Second Edition)［M］. *Cambridge*: *Cambridge University Press*, 2009.

［276］Maddala G S. Limited-dependent and qualitative variables in eco nometrics［M］. *Cambridge*: *Cambridge University Press*, 1983.

附　　录

大学生手机套餐消费情况调查

亲爱的同学，感谢您抽出宝贵的时间参与本次问卷调查。本调查目的在于了解在校大学生手机套餐的使用情况，调查所得数据仅供学术研究使用，涉及内容将严格保密，请您放心并客观地填写。

1. 您的年级？（　　）

A. 大一、大二　　B. 大三、大四　　C. 硕士生　　　D. 博士生

2. 您的性别？（　　）

A. 男　　　　　　　B. 女

3. 您的家乡在（　　）？

A. 学校所在城市

B. 学校所在省份其他城市

C. 其他

4. 您在校期间每月的生活费用为（　　）？

A. 600 元以下 　　　　　　　　B. 600 ~ 900 元

C. 900 ~ 1200 元 　　　　　　　D. 1200 ~ 1500 元

E. 1500 元以上

5. 您现在选择的通信运营商及具体套餐是（　　）？

中国移动	A1	动感地带网聊套餐 15 元	A2	动感地带音乐套餐校园版 15 元
	A3	动感地带网聊套餐 18 元	A4	动感地带音乐套餐校园版 20 元
	A5	动感地带网聊套餐 23 元	A6	动感地带音乐套餐校园版 25 元
	A7	动感地带音乐套餐标准版 15 元	A8	动感地带音乐套餐标准版 20 元
	A9	动感地带音乐套餐标准版 25 元	A10	未使用校园套餐
中国联通	B1	新势力畅聊套餐 13 元	B2	新势力畅聊套餐 18 元
	B3	新势力畅聊套餐 23 元	B4	新势力 QQ 卡
	B5	高校浪漫套餐 Ⅱ	B6	高校浪漫套餐 Ⅲ
	B7	未使用校园套餐		
中国电信	C1	校园套餐聊天版	C2	校园套餐音乐版
	C3	校园套餐上网版	C4	翼机通套餐（大学版）
	C5	未使用校园套餐		

6. 您每月拨打市话约为多长时间？（　　）

A. 50 分钟以下　　　　　　　B. 50 ~ 100 分钟

C. 100 ~ 200 分钟　　　　　D. 200 分钟以上

7. 您每月拨打长途约为多长时间？（　　）

A. 20 分钟以下　　　　　　　B. 20 ~ 50 分钟

C. 50 ~ 80 分钟　　　　　　D. 80 分钟以上

8. 您每月发送的短信数量约为多少？（　　）

A. 100 条以下　　　　　　　B. 100 ~ 200 条之间

C. 200 ~ 300 条之间　　　　D. 300 ~ 500 条之间

E. 500 条以上

9. 您每天用手机上网多少时间？（　　）

A. 不用手机上网　　　　　　B. 2 小时以下

C. 2 ~ 6 小时　　　　　　　D. 6 小时以上

10. 您现在每月使用的手机上网流量大约多少？（　　）

A. 5M 以下　　　　　　　　　B. 5～10M 之间

C. 10～30M 之间　　　　　　D. 30M 以上

11. 您在校期间每月手机费用实际开支约为多少？（　　）

A. 20 元以下　　B. 20～35 元　　C. 35～50 元

D. 50～100 元　　E. 100 元以上

12. 您希望的每月手机消费是多少？（　　）

A. 20 元以下　　　B. 20～35 元　　C. 35～50 元

D. 50～100 元　　E. 100 元以上

13. 以下套餐内容中您最关注的是（　　）？最不关注的是（　　）？

A. 基本月租　　　　　　　　B. 本地主叫费用

C. 长途费用　　　　　　　　D. 免费赠送的短信条数

14. 以下各类手机增值业务

您最需要哪一种？第一选择：（　　）第二选择：（　　）第三选择：（　　）

最不需要哪一种？第一选择：（　　）第二选择：（　　）第三选择：（　　）

A. 彩铃　　　　　B. 彩信　　　　　C. 上网　　　　D. 亲情号码

E. 定向长途优惠　F. 来电显示　　　G. 手机报　　　H. 来电提醒

15. 您对目前的手机校园套餐有何意见和建议：

_____

_____

再次感谢您的参与！